跨界战争

——商业重组与社会巨变

水木然 著

電子工業出版社
Publishing House of Electronics Industry
北京 • BEIJING

内容简介

我们正处于世界变革的浪潮中，以互联网为代表的新技术革命正在布局整个世界。

传统企业在衰变，大企业在裂变，小企业在巨变。跨界、互联、强化、定制等现象不断发生，最终导致我们的社会结构、运作逻辑、商业秩序，等等，将被一一颠覆。

本书立足于时代变革的洪流，结合中国的发展阶段和世界的格局动荡，深刻剖析了这一系列变化过程，旨在引导中国企业走向更加光明的未来，帮助我们每个人在崭新的时代里找到定位，在中国即将迎来的下一个快速发展的30年，走向复兴和强大。

本书视角独到、分析客观、观点敏锐而犀利，主要面向互联网公司、金融机构、政府监管等行业的从业人员，也适用于对互联网商业模式有着浓厚兴趣的相关人士参考阅读。

图书在版编目（CIP）数据

跨界战争：商业重组与社会巨变 / 水木然著 .—北京：电子工业出版社，2016.1

ISBN 978-7-121-27766-5

Ⅰ. ①跨… Ⅱ. ①水… Ⅲ. ①互联网络－影响－商业模式－研究 Ⅳ. ① F71-39

中国版本图书馆 CIP 数据核字（2015）第 292509 号

策划编辑：李　洁
责任编辑：李　洁　　文字编辑：刘真平
印　　刷：北京捷迅佳彩印刷有限公司
装　　订：北京捷迅佳彩印刷有限公司
出版发行：电子工业出版社
　　　　　北京市海淀区万寿路 173 信箱　邮编：100036
开　　本：720×1000　1/16　印张：15.25　字数：202 千字
版　　次：2016 年 1 月第 1 版
印　　次：2023 年 9 月第 18 次印刷
定　　价：59.00 元

凡所购买电子工业出版社图书有缺损问题，请向购买书店调换。若书店售缺，请与本社发行部联系，联系及邮购电话：（010）88254888，88258888。

质量投诉请发邮件至zlts@phei.com.cn，盗版侵权举报请发邮件至dbqq@phei.com.cn。

本书咨询联系方式：lijie@phei.com.cn。

前 言

PREFACE

我们生活的这个世界，正在被以互联网为代表的新技术革命推向变革之巅，不断发生的跨界（人们的思维模式、商业秩序等）与互联，将使整个世界的规则与结构被颠覆。

这个过程和我们每一个人休戚相关，无论谁，都应了解这场大变革，从而把握时代变革的脉搏。要做到这点，首先必须深刻认知这个世界的变化规律。

我们姑且把现今的这个世界按时间点分为两个部分：

- 公元1776年以前的世界；
- 公元1776年以后的世界。

为什么要如此划分呢？因为这一年世界发生了三件大事。

第一件大事：这一年英国的瓦特发明了蒸汽机，以此为契机，英国爆发了第一次工业革命。第一次工业革命是世界第一次产业革命浪潮的核心，当世界上大多数统治者还沉睡在封建地主的美梦中时，英国的工厂和矿山已经刮起了一阵科技之风。毫无疑问，这使英国站在了浪潮之巅。

第二件大事：这一年英国的亚当·斯密出版了《国富论》，这本书被誉为西方经济学的《圣经》，它探讨的是“利己主义”如何同“社会进步”相一致并且推动社会财富增长的问题。亚当·斯密阐述了一只“看不见的手”（市场）的理论。他写道：“女王陛下，请您不要干预经济，回家去吧！国家只做一个守夜人。”这本书从诞生的那一刻就成了西方国家经济发展的教科书。无可辩驳的是：直至现在，世界上凡是遵从这本书理论的国家都比较富裕；凡是不遵从这本书理论的国家，无一例外都比较贫穷、落后。

《国富论》不仅是总结，更是一种对人类未来的展望。可以说亚当·斯密向前展望了300年，而300年后的今天，随着第四次工业革命的到来，这种理论还适用吗？相信读完本书你便知道了。

第三件大事：这一年美利坚合众国（美国）宣告正式成立，并通过了《独立宣言》。《独立宣言》开宗明义——“我们认为下述真理是不言而喻的：人人生而平等，造物主赋予他们若干不可让与的权利，其中包括生存权、自由权和追求幸福的权利。”于是从1776年以来，“人人生而平等”便成为一种朴实而又崇高的普世价值。没有迂腐的思想包袱，没有王朝专制，也没有封建壁垒，美国拿起了最先进的思想武器，甩开膀子往前冲，这为美国成为20世纪的超级大国打下了坚实的基础。

以上三件事推动了人类社会的进步，它们分别是科技、思想和战争。

当然，以上可以作为一部史剧中的“背景音乐”，回过头来我们真正要讨论的是公元1776年的中国，究竟是什么样子的？

这一年，正值乾隆41年。此时中国还处于“康乾盛世”，歌舞升平、财大气粗，天朝的架势依然。而且这一年乾隆刚好平定了四川大小金川叛乱，标志着清政府对川西的控制，此役被列为乾隆皇帝的十全武功之一，此时中国人口规模大约为3亿。乍一看，中国此时依然是盛世，但是盛极必衰，5000年文明从此开始一落千丈，中国开始被世界潮流抛弃。

《国富论》里是这样论述的：

“中国一向是世界上最富有的国家，土地最肥沃，耕作最精细，人口最多，而且最勤勉。然后，许久以来，它似乎就停滞于静止状态了。今日关于中国现状的报告，与500年前视察该国的马可·波罗的记述比较，几乎没有什么区别。也许在马可·波罗时代以前好久，中国的财富就已经完全达到了该国法律制度所允许的发展程度。”

闭关锁国、官僚主义、封建主义这些都成为中国经济发展的绊脚石。举个例子：乾隆旨在当时全国范围内“删销书籍，以正人心”。一场新的焚书运动在全国展开。仅乾隆在位期间，清朝焚毁的书籍共计77万卷。如此封建、残酷的思想打压，与英国人亚当·斯密倡导的自由化、市场化理论有如天壤之别。

我们再把目光聚焦到现在，中国经济起步本身就比西方国家晚了200年，一个转身就是200年，当然这200年相对于5000年的中华文明来说并不漫长。但这200年却是中国最重要的200年。

直到改革开放中国才走上了现代化发展的道路。中国用30多年的时间去追赶被世界落下的200多年差距，这就是为什么我们总感觉这个时代如此特别的原因。那么，中国是怎样快速弥补这个差距的呢？

实际上，改革开放以来中国一直是以“人口优势”弥补“技术落后”的增长模式。中国本身就是一个大市场，而且中国人聪明、勤劳，哪怕是鼓励一小部分人去生产和创造，即可形成一种火热的“市场”局面，这就是中国第一次改革开放的初衷。

对于经济发展而言，人类所有的探索，不外乎两件事情的纠葛：

第一，用什么政策能充分激发人的劳动积极性？

第二，用什么体制能防止人过度的趋利带来的社会崩溃？

我们用第一个30年解决了第一个问题，我们将用第二个30年解决第二个问题。这也就是邓小平曾经说过的：“中国的崛起，需要两个30年。”

今天我们大致走过了第一个30年，过去的30年主要是经济改革，当下我们正在开启第二个30年，后续的30年将是体制改革。我们需要法律体系的完善、金融体系的改革和市场体系的深化。

但后续30年的任务可能比之前的30年更加艰巨。就好像登山一样，越往上攀爬空气越稀薄，消耗的能量越多，但是境界也更高，风景也大不相同。

而互联网就是下一个时代的风帆，它的伟大之处在于：它是人类迄今为止唯一可以与蒸汽机相提并论的伟大发明，整个世界的商业逻辑都在被它改写。

再从世界范围内来说，欧洲英法等国之所以最先崛起，是因为它们在第一次工业革命中抓住了机会；美国之所以强大，同样是因为它在第二次工业革命和第三次工业革命（信息革命）中不失时机发展创新。但欧洲却因错失第三次工业革命逐渐落后。

而中国，虽然错过了前三次工业革命，但却在最新的互联网浪潮中牢牢地抓住了机遇。以报刊零售业、制造业、广告业、金融业、医疗业、教育业、酒店与旅游行业、餐饮业、出版业等传统行业为例，正以裂变的速度接受着新一轮互联网浪潮的冲击。但这一切也提示传统行业如何对已有的潜力再次挖掘，用互联网思维去重新提升自己的价值。互联网革命给传统行业产业间实现跨界融合创造了不可估量的优势和潜力。跨界融合是大势所趋，只有相互融合、完善，相互补充，浑然一体，进而黏住从各种细分领域的用户，形成合力，才能在林林总总的商战中立于不败之地。

总之，在未来，只有有知识、懂新技术、携带正能量、理解社会变革的人才能立于不败之地。不要再为你的过去而骄傲了，我们应该清醒地认识到在这个瞬息万变的时代，过去所有的成功，都是你明天的拖累，原来优质的资产，都将成为你明天的负债。

本书参考与借鉴的内容大部分已经在书后的参考文献中列出，难免有所遗漏，对所有这些文献的相关作者表示衷心感谢。

由于本人资历有限，本书还有很多需要完善的地方，文中所述仅为个人观点，本人将不遗余力地进行学习，恳请广大读者通过本人微信（smr669）进行沟通和指正。

目　录

CONTENTS

第一章

冰河时代

CHAPTER 01

第一节　危机来袭

在这个世界上，任何事物的发展都有其客观规律。有山峰就有低谷，居危要思安，居安要思危。

从这个角度来看，我们正在经历经济低谷时期，即社会发展与变革的“冰河时期”。

我们所处的地球，曾经历过多次冰河时期，每次都要有大量的物种灭绝，同时，又有许许多多更新、更有生命力的物种诞生。

在6500万年前的大冰河期，覆盖全球的植被骤减，气候恶劣，于是主宰地球的恐龙消失了。恐龙的消失为哺乳动物的诞生留出了空间，早期的哺乳动物竞争力并不强，如果不是恐龙的消失，它们很难成为今天世界的主宰。

如今，无论是大的跨国公司还是小的新创公司，都必须经历危机的考验，历史的潮流将无情地淘汰落伍的公司，为新的公司腾出成长的空间。

中国经济是以制造业起家的，那我们就先来看一下制造业的状况。

想当年，有多少制造企业发出“争当世界五百强”的豪言壮语，如今早已灰飞烟灭。钢铁、机械、电子、家电、家具、建陶、地板、五金、汽车、饮料、包装、日用品等传统行业都在发生激烈的裁员潮。

从2008年开始，珠三角、浙江温州、福建晋江等地的制鞋企业，就由于人工成本、厂房租金、物流成本居高不下，大量中小鞋企成片倒闭。

服装业则内外交困，一方面内需断崖式下跌，大批服装老板拖欠工资跑路。另一方面，大量外单流向东南亚等人工成本低廉的国家。优衣库、无印良品、HM、ZARA等都在加快向东南亚转移订单。

而中国电子产业也走上了下坡路，营收几乎全线下跌，这是中国电子行业由盛转衰的强烈信号。

由于顺应了房地产的扩张，中国建筑陶瓷和卫浴的年产能严重过剩，即使全世界人民都使用中国货也需要二到三年才能消化完全。近几年随着房地产转趋冷淡，倒闭潮汹涌澎湃，接下来将迎来长达十到二十年的低潮。

食品饮料作为人们的基本需求，销售量稳如磐石自不必说，但在人们收入骤减，财富被房地产“绑架”的今天，日用品行业似乎就没那么好运了。

前几年，中国汽车销售保持着每年10%以上的增长，并成为世界头号汽车消费大国，也令国内汽车配件厂红火了好几年。然而进入2015年，当众多汽车厂家仍在做着锦绣繁华的中国梦时，汽车突然卖不动了。

面临加速下行的经济走势，中国众多的实体企业已经抛弃了短时间经济转暖的幻想，开始大量裁员以应对订单的缩减并减少企业运营成本。联想、惠普、亿滋、三星、HTC等世界知名企业已经启动了裁员计划。HTC中国裁员50%；汉能从主峰到谷底，企业开始裁员；格力电器控制器部门也开始裁员。

制造业的情况为何如此糟糕？因为中国制造业的优势正在丧失。

美国波士顿咨询集团（BCG）发布的《全球制造业的经济大挪移》报告显示，目前中国的制造成本已经与美国相差无几。假设美国作为100点的成本，在中国2014年已经达到96点。换句话说，在美国进行生产只比在中国进行生产贵4%，而在此之前，中国的这一指数值一直在80点左右。这一走势意味着，在美国生产商品相比中国的成本差距正在收窄。

参与起草了多份关注全球制造业经济变化报告的霍尔·瑟金说，“我们目睹中国变得越来越昂贵。”中国制造，这个曾经是超级廉价产品代名词的低成本商品制造大国，正在全球制造业的竞赛中优势渐弱。

一家大型的制造业倒闭，很可能引发上游上百家配套企业相继跟着破产倒闭并形成更大规模的失业潮。中国正面临“制造型企业”被迫升级和“知识型工人”紧缺的局面，可谓双面夹击。但是，有危机就有机遇！中国也迎来了改革开放后第三次命运大转折。

第一次发生在1978年，百废俱兴的中国迎来了改革开放，小岗村和全国各地的农民们通过大包干改变了忍饥挨冻的命运；当时很多知识青年通过高考或者返城实现了人生的华丽变身。这一年被称作改革元年，中国迎来了第一次命运大转折。

第二次发生在1992年邓小平发表南巡讲话后，改革的僵局被继续打破，世界五百强企业纷至沓来，南下“打工潮”汹涌澎湃，数千万草根阶层的命运由此发生改变。部分人从草根一跃成为亿万身家的老板，很多业务员或蓝领精英甚至可拿到万元以上的月薪。

第三次就是现在，中国进入2015年，越来越多的传统企业倒下，越来越多的外资企业撤离中国。而同时，在中国政府“大众创业、万众创新”的号召下，越来越多的创新型企业开始兴起，它们积极响应“互联网+”的国家战略，运用崭新的商业思维，重塑中国的商业秩序。

中国很多传统企业都是粗放式的发展，并且成长在中国经济高速发展时期，很多弊病都被掩盖。而一旦中国经济恢复到正常增长速度，这些病垢往往成为发展的致命障碍。真正影响中国传统企业发展的，就是这些弊端而导致的生产效率低下。

每一次经济危机就会导致一些产业的变迁和行业的内部调整。1975年的石油危机，让美国人纷纷淘汰他们制造的大个头而费油的汽车，转而购买日本产的小而省油的丰田和本田汽车。日本汽车就是从那时起在世界上逐步取代了美国汽车的市场和地位的。

在IT行业也是如此，微机时代最重要的三家公司微软、英特尔和苹果都是从那时诞生和起步的。1975年以前，整个计算机行业基本上由生产大型机的IBM公司和生产小型机的DEC公司垄断。那时计算机从硬件到服务都很贵。但是只要IBM和DEC的客户，即大中型公司自己的利润有保障，他们不在乎昂贵的费用。经济危机造就了廉价计算机发展的大环境。很多企业开始缩减成本。一些企业开始采用廉价的微机，而不是IBM和DEC的大型机和小型机。当微机技术足够成熟后，跨国大公司也开始用微机替代大型计算机系统。

到了20世纪90年代初，世界经济再度陷入停滞阶段，但是这次危机却促使了互联网的蓬勃发展，并开创了全球电子商务。

2015年这次全球经济结构危机，其影响面之广、程度之深超过了1929—1933年大萧条以来任何一次经济危机，不仅是中国，全球的商业结构或将发生大洗牌。这也就意味着一个崭新的时代即将到来。

企业效率是全球竞争力非常重要的因素。效率包括两方面，一方面是公司本身的效率，这和我国企业管理水平、技术水平、商业模式有关；另一方面是和企业外部运行环境，也就是政府行为有关系。这里有两个数据，第一个是物流成本占GDP的比重，中国为18%，比较高，这是企业效率低的表现。BCG曾有报告认为，中国企业可以平均砍掉28%的物流成本。第二个是PM2.5，为什么这也跟效率有关？实际上这是说我们在资源和能源的利用上效率表现较差。因此也表明我们在效率上有很大的改进提升空间。

中国最大的竞争力主要表现在以下几个方面：

第一，绝大多数中国人追求的中国梦还是创造财富、改善生活。这是中国和其他发达经济体的重大区别，也是中国经济增长最重要的动力。为什么？因为对大部分中国人来说，我们还是太穷了。我们的人均GDP仍然远远落后于美国、日本和德国。

第二，中国高收入人群追求生活品质的提高，与此对应，消费升级、娱乐、体育、环保、信息安全等都大有空间。

第三，中国人口进一步老龄化，预示着医药医疗的支出进一步加大。

第四，中国个人受教育程度需要提高，预示着教育产业的空间依然巨大。

第五，中国的产业结构可以继续细分化、多元化，既能挑战中高端产业，与发达国家竞争；也能继续做中低端产业，与发展中国家竞争，这是全球任何国家都不具备的优势。

总之，十三亿人口，一种语言，一种货币，收入水平、受教育程度和年龄结构还存在那么多不均衡，这就是中国最大的竞争力。中国至少有两件事是其他国家无与伦比的：

一是我们正在进行着如此彻底、全方位的体制改革；

二是我们正在进行着如此普遍、前瞻的创业和创新。

也正是这些原因，我们应该有理由有信心相信：未来十年，世界的风口依然在中国！

而同时中国的市场化改革和“互联网+”能大幅提高企业效率，资本市场的繁荣能够极大地激发全社会的创业热情，提高国家创新能力，这些都是中国发展的加速度，关于这几点笔者将会在后面其他章节论述。

那么，什么样的企业和模式才是创新型的呢？

如果一家传统企业，运作了5年还在亏损，不用问了，肯定是经营不善、人事不清、支出混乱，各种问题里面总有一样。人们会对其失望，因为它在亏损。

但如果是一家互联网企业呢？如果支出10元钱，只赚回了5元钱，一般人会判定它亏损了5元。但是投资人不会这样看。投资人看到的是这家互联网企业，居然能赚到5元钱。为什么呢？

以互联网企业为代表的创新型企业的发展逻辑和传统企业也是不同的。一家传统企业要想扩张，得拿地皮，建厂房，建生产线，再招人生产。如果无视销售的作用，那么传统企业增长多少，只取决于产能增加了多少。因此，传统企业的增长，是爬楼梯。一个台阶一个台阶地向上爬。

而创新型企业的增长，如同开飞机，需要在地面进行漫长的滑行，积累速度。当速度达到一定程度后，将实现质的飞跃，一飞冲天，进入指数增长期。

下面这幅图就能很好地说明传统企业和创新型企业的发展模式的区别。

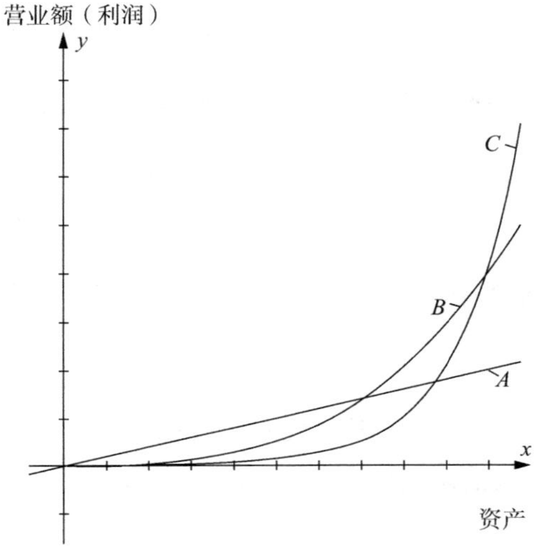

A 线代表的是传统企业。这种企业往往有着笨重的资产，凭借着团队的能力，用心经营，主打研发，逐渐打开市场。它们的规划是这样的：今年营业额是80万元，明年是200万元，后年力争350万元，这种企业发展规模是有限的，而且竞争会越来越多，随着互联网革命的到来，这种企业产品的核心竞争力会逐渐丧失。

B 线代表的是借助资本力量的传统企业。这种企业成立初期就通过融资方式加速发展，稀释股份，并换取投资方的支持，用空间换时间。企业获得了额外的资金和资源，得以高速发展。欧洲有很多工业革命时期诞生的企业，积累的财富却比不过一些才成立三四年的美国科技公司，原因就在这里。当然它们发展到一定程度依然需要面对传统企业的弊端问题。

而*C* 线代表的是借助资本力量的创新型企业（往往是互联网企业），互联网企业需要积累用户和人气，前期盈利很难。它们需要的耕作期极其漫长，即使借助了资本力量，依然需要投入到人气的汇聚上来，京东、滴滴打车都属于这一类。它们虽然目前盈利遥遥无期，但是一旦条件时机成熟，将一次性地源源不断地财源滚滚。

为什么互联网企业（往往是平台型企业）一旦觉醒，增长速度那么快?

原因是互联网平台型企业赚的不是今天的钱，而是明天的钱。它们今天用极低的成本或者补贴去占领整个市场，获得定价权，驱逐后发竞争者，同时制定新的游戏规则，然后整个市场都是它们的，包括明天。

再把互联网企业与传统科技型企业做对比，互联网企业的扩张也需要成本，但相比传统企业来说，几乎可忽略不计。

正是基于互联网企业有“极少数人为极多数人服务”的特性，所以互联网企业可以轻易占领市场。再打个比方，肯德基不可能把店面开遍全中国，但在理论上，所有中国人可以只使用一个外卖点餐APP。

再来看看京东，京东成立于千禧年前，已经走过了十多年了。京东财报显示：京东成立至今一直在亏钱。但是因为京东有已被证明、行之有效的商业模式，它就可以在资本市场大行其道，刘强东的个人财富也是众所周知的。

这也就是为什么中国政府不断倡导“互联网+”的根本原因。一旦把互联网做到极致，什么WTO、什么美元、什么能源，所有的游戏规则都得推翻重建。

这里用“互联网企业”和“资本力量”与“传统企业”做一个对比，就是想让大家明白，今后企业的发展思路彻底改变了。很多人所津津乐道的盈利模式、渠道优势、成本优势、价格优势等，早已不再是未来企业的重心。我们必须要用“归零”的心态来面对这个崭新的时代，未来的商业逻辑还需要我们一起来制定，这就需要我们不断地学习和思考。

第二节　私营倒闭潮

广东告急、浙江告急、江苏告急、福建告急、山东告急……随着经济下行压力增大，出现大批私营企业倒闭潮。在经济“高速增长”的时候，私企无论怎样，总有一定的生存空间。但是，当经济开始“下行”，私营企业的很多原始弊端开始凸显，掀起倒闭潮不可避免。

私营企业（简称“私企”）定义为：在市场上依靠企业老板自身运营能力实现生存的企业，也是广大中小企业（这里讨论的私企不是新成长起来的创业、创新型企业，而是指20世纪80年代以来滋生的那批私营企业，是传统私营企业）。它们占中国企业总数的99%以上，对GDP的贡献超过60%，对税收的贡献超过50%，提供了近70%的进出口贸易额，创造了80%左右的城镇就业岗位。

从这个层面上看，中国私企像欧美国家的私企一样，对税收、出口和就业等方面，都起到主要的支持作用。但是，如果对中国私企的实际状况进行解析，就会发现中国私企的处境已经岌岌可危。中国私营经济先天“发育不良”，后天又“缺衣少食”。中国经济的萧条，从某种程度上说，就是中国广大私营企业苟延残喘的集中体现。

中国的私企有一种“原罪”，这些私企老板们，大多为60后和70后，他们往往没有接受过高等教育，通过“低买高卖”、“信息不对称”、“模仿、山寨、低价”来抢占市场。甚至习惯于通过贿赂权贵、钻制度和政策的空子等手段来积累财富。他们不懂理论，更不想学习，他们只想着赚快钱、赚更多的钱。而如今，面对越来越微薄的利润、越来越大的竞争，已经越来越狭窄的市场空间，私企并不是选择创新或者模式更新，而是试图在越来越差的环境下挣扎，也就是“一条路走到黑”。这是它们与生俱来的“原罪”，如今，它们正在遭受清算……

按照这种速度，到2016年下半年，能够生存下来的中国私营企业将寥寥无几。在未来一年多的时间中，私企作为中国人“要钱不要命”的集中体现，将开始认识到，什么是“真实”的经济。“真实”的意思是，企业倒闭已经不仅仅是赚钱或者亏钱的问题，而且意味着自己失去了存在的价值，很多私企老板则连原始积累都要搭进去。

总的来说，私企的出路在于抱着壮士断臂的决心，认清这个时代赋予的新的历史使命，今后企业的发展逻辑只有一条，即你可以创造多大价值，你就可以获取多少财富。私企必须要以归零的心态再次踏上征途，早日觉醒。如果拼命挣扎，坚持越久的企业，结果大都也会越惨。

当人们因为收入越来越少、各种生活成本越来越高而焦虑的时候，不应该只看着自己眼前的“一亩三分地”，而是需要认真分析这个社会的组织状况。在一个社会中，社会的组织结构决定私营经济的发展状况，进而决定这个社会的劳动者收入水平。

传统的私营企业，大多依附于时代大势生存，它们往往粗糙、善变、不讲原则。一旦经济大势已去，这种传统落后的私营企业就失去了生存空间。从这点来说，目前中国95%以上的私营企业，可能在若干年后将会消失。从时间的角度，预计到2016年中期，这个预测目标将基本成为现实。而2016年则是私企的集中倒闭期，并将引发相应的连锁反应。当然，一批崭新的私营企业将诞生，并组建崭新的商业逻辑，重构中国商业文明体系，关于这一点，笔者将会在其他章节进行论述。

在欧美国家，私企老板是整个社会里最具有创新和管理能力的人群，也就是整个社会中的“精英阶层”。在外表上，这些人主动创立企业，具有极强的进取精神，持续进行竞争和冒险；而在内心，这些人则更注重资产安全，更强调防范风险，并且采取强有力的资产经营风险防范措施。

而普遍来说，中国私企老板的起家和发展，与西方私企老板完全不同。中国企业老板因为环境不同，往往是“被迫”下海。从最初起家的方式，中国私企老板主要分为“中国特色”的三大类。

第一类是这些私企老板无法进入国企等体制经济，因此通过做小生意谋生。结果没想到，生意越做越大，最后成为私营企业。这些企业很多都是服务型企业，包括餐饮、娱乐等企业。

第二类是有的私企老板看到在中国开设“血汗工厂”，做出口产品能够赚钱，因此跟风做“血汗工厂”。从国际市场的角度，这些“血汗工厂”的实质是“国际民工”，而这些老板只是“包工头”。在21世纪的前10年，这些出口加工的“血汗工厂”迅速发展，产品卖到全世界，成为私营经济的主干部分。

第三类则是进行仿造和假冒伪劣产品生产，也被称为“山寨”。“山寨”产品主要基于两点，一是利用中国“血汗工厂”的环境；二是利用中国缺乏知识产权保护和消费者保护，给这些老板以生存空间。

当然，在这些私营经济的基础上，一些私企老板也开始引进西方的概念和管理模式，但中国只有极少数企业主试图通过研发创新获得发展。因为缺乏知识产权保护，即使有些私企花钱研发，其结果也是被人偷盗或者模仿。这些企业在研发资金打了水漂之后，很快倒闭。

当缺失了以创新和研发为导向的大环境后，中国的私企就更不愿意开拓进取了，歪门邪道反而赚钱更快，何乐而不为？ 缺乏创新导致竞争力不足、后续乏力，如今中国经济萧条一部分就是这种原因导致的。

除此之外，私企发展还“缺衣少食”。这包括以下几个方面。

一是在金融上，银行对私企的贷款条件极为苛刻，随时卡紧对私企的贷款。在2008年年底，中国货币总量M2的余额是47.5万亿元，到2013年11月底M2余额将近108万亿元，也就是印钞额度超过60万亿元，私企资金的实际价值贬值到原值的40%多点。印钞的另外一个结果是，人们的生活费用增加超过一倍以上，意味着私企用工的成本上涨超过一倍。

另外，2009年美元对人民币汇率为1：6.84，到2013年年底人民币升值到6.05，人民币升值达到13%，也就意味着进行出口加工的私企收入减少了13%。 印钞和人民币升值的意思是，私企中与人民币挂钩的日常运营成本增加超过120%，生产出同样的产品，结果总收入减少13%（超过绝大多数出口“血汗工厂”的利润率）。

二是在税收上，传统私企在税收方面也没有国企和外企的优惠政策，而且还必须承受各种税费。当然，近年来国家给予创新、创业型企业和小微企业一些倾斜政策，比如，免租、免税等，尤其是“大众创业、万众创新”的倡导，让很多年轻人去奋进，这是非常好的局面，但是这些私企并不是传统私企，我们讨论的是传统的那批私企，即20世纪80年代成长起来的那批私营企业。

三是在土地等费用上，由于国企和外企都可以优惠的方式获得地方提供的大量土地，而私企则很难拿到优惠土地，必须花高价购买土地，但是私企看到房地产的繁荣，也拼命地去挣钱，自然地通过“偷工减料”降低成本，减缓体制压榨带来的高昂成本负担，然后奋不顾身地投入到房地产行业。这导致中国产业结构紊乱，于是曾经有段时间，我们发现很多私企做大之后都变成了房地产企业，包括做服装的、做能源的，等等，这就导致中国制造业开始空心化。

随着中国的“人口红利”即将消失，也就是血汗奴工越来越少，这种现象与印钞带来的通胀叠加，私企的用工成本持续增加，在4年左右的时间里增加了将近1倍。用工成本增加与人民币升值叠加，造成出口产品价格大幅上涨，进一步导致世界从中国的采购减少，转而到其他国家进行采购。

再加上世界经济的下滑，对中国产品的需求将持续减少。而私营企业由于缺少前瞻，毫不理会世界经济大势，因此对于国际需求的减少感觉“措手不及”。私企出口加速减少。中国出口私企此时为了压低出口产品的成本，开始进一步降低出口产品质量，导致出口商品的质量下降，进一步削弱了中国产品的国际竞争力，这即是一个恶性循环。

私企的发展问题可以最终归结为“现金断流”。 中国人普遍是“小农思维”，私企更甚。也就是只考虑现在、只看眼前的“点式思考”，缺乏远看未来的“线性思维”。

2009—2010年，大量私企老板响应国家政策导向，开始大规模借贷进行投资，私企在借钱后，开始扩大生产，有的则进行“多元化”扩张，有的则将借来的钱投入房地产，准备坐享房价升值的利益。当私营经济大规模出现时，开启了高利贷行业的兴旺局面。这也导致一些地方“民间借贷”迅速繁荣，然后以跑路和泡沫破灭为结局，2011年的温州、2012年的鄂尔多斯、2013年的陕西神木，有多少人投诉无门，多少亲人反目成仇，多少家庭的财富血本无归。

当然，中国金融市场的不完善也加速了很多私企的毁灭。在资金市场上，银行基本停止了对私营企业的贷款，而主要借贷给中央和地方体制单位，出现了私营企业欲贷无门的尴尬境地，资金链断裂。

从2011年开始，私企开始感觉到越来越大的压力；到2012年，私企开始觉得越来越艰难，不少企业已经难以维持下去；进入2013年，绝大多数私企已经在勉强支撑，只是希望“奇迹出现”，让自己的生意能够有所转机；进入2014年，私企处于多方面的压力下，直至2015年几乎整体面临绝境。

于是，私企因为资金链断裂导致的“集群效应”范围越来越大：一方面有的企业从其他企业进行大量借款后，或者因为无法偿还而破产，或者直接跑路，导致相关企业也被拖入“泥潭”；另一方面是“关联担保”贷款，以福建钢贸圈和温州企业圈为代表，一个或者几个企业因为无法归还银行贷款，拖垮其他关联企业，进而拖垮更多的上下游企业。

而且，随着资金链断裂到了“雪崩”的状况，企业与企业之间的信用销售也变得极为谨慎。 更重要的是，很多企业在支持不住的时候，不是自己关门倒闭，而是先加大赊货采购的力度，也就是借入更多的钱。 等到再也借不到钱的时候，这些企业直接关门跑路，将损失留给相对诚信、风险防范意识不够高的企业。

很多企业因为上下游企业的跑路，导致自身也陷入困境。而实在撑不下去的企业，也找不到下家来接手。这些企业只能将自己的机器设备、办公家具等进行贱卖。由于在整个市场中，贱卖设备的人过多，同时很少有人扩大生产，因此设备几乎以废品价格出售。私企的倒闭潮之后就是跑路潮，这种状况我们极其不情愿看到，但是不可避免。

此外，随着美国QE印钞的减少，流入中国的外资越来越有限，更加剧中国资金的紧张局面。同时，由于社会民众基本将现金投入到房地产、理财产品和高利贷等领域，手上的资金已经极为有限。预计到2016年，理财产品和高利贷将出现大规模违约，让无数人“血本无归”。同时，资金链断裂的结果是，让绝大多数民众的生活更加艰难。或者说，2016年，整个国内需求市场还将大幅萎缩，这对中国经济发展也是非常不利的。

2014年私企倒闭潮开始，2015年情况加剧，2016年将达到最恶化。这意味着传统的绝大多数私企将消失。而私企倒闭潮将是一个“连锁反应”：从整个经济的角度，私企对中国经济的贡献极为显著，尤其对于整个社会就业起到决定作用。当私企倒闭潮开始后，直接的影响是无数人因为私企倒闭而失业。其中，从农村到城市的务工人员，因为薪水低，很少有在大城市买房的，因此往往会因为没有收入而返回农村老家。

但是在私企中，还有相当一部分人被称为“白领”，是收入尚可、贷款买房的人群。这些人一旦因为失业而失去收入来源，只能做出两种反应：一是无力偿还房贷，将房子卖掉；二是立即停止除维持正常生活外的一切消费。一旦私企倒闭潮出现，这些人开始大规模卖房的时候，无论媒体如何忽悠“房价上涨”，都无法阻挡这些人的抛售浪潮。

到那时候，房地产的“刚需买盘”就将会直接变成“刚需卖盘”，也就是为了维持生活而把房子卖掉。而一旦房地产抛售潮开始，也直接引发大规模的烂尾楼，进而导致建筑建材和相关行业需求的严重萎缩。另外，当人们停止除基本生活以外的一切消费之后，各种家电、电子、纺织鞋帽、餐饮等行业的需求也势必严重减少。

此外，大量私企倒闭后，私企车和私家车也会大量停驶，人们开始纷纷卖车，汽车销量直线下降，汽车生产和维护等相关行业也将严重萎缩。而这些行业的严重萎缩，将进一步导致新一轮私企倒闭潮，再进而导致新一轮人员失业，形成“倒闭—失业—停止消费—更多倒闭”的循环状态。而这个循环一旦开始，就难以停滞，也就是说通过“连锁反应”，形成绝大多数私企倒闭的局面。

对于中国很多行业来说，大家已经感觉到了行业境遇里冬天的一丝“寒意”。在互联网领域，百度停止社招，美团和大众点评合并，携程与去哪儿合并；在基建材料领域，钢铁、水泥、煤炭、有色金属、玻璃等产业处境艰难；在轻工业制造领域，家具、服装、陶瓷等状况也不容乐观。

2015年10月，国家统计局公布的数据显示，前三季度国内GDP同比增长6.9%，6年多以来季度值首次跌破7%。接着10月23日，中国人民银行宣布“双降”。10月在广州、佛山两地举办的秋季广交会、陶博会的冷清更是让人感受到了实体经济的“寒意”。

值得注意的是，这只是进入媒体视野的数据，还不包括那些因为外债而悄无声息倒闭的小厂。不要说中国私企了，即便像IBM、GE、通用汽车与柯达这类曾经世界一流的OSM企业，一旦科技创新跟不上，照样会被淘汰。任何商业模式如果脱离了诚信和道德，破产将是必然的结果。

据说，巴菲特之所以拒绝投资在美股上市的中国概念股票是因为下面4个原因：

（1）部分传统企业的道德瑕疵太严重，只会跟随、抄袭与复制，唯利是图，没有创新。

（2）传统企业既没有社会责任，又无法挖掘主要消费者的购买力。

（3）科技进步日新月异削弱了传统企业的渠道和模式壁垒。

（4）传统企业营业利润正在慢慢缩水。

即便中国传统企业满足上述4个条件，巴菲特也不一定就会投资美股中国概念股票，因为中国企业核心价值观存在着重大瑕疵：功利主义、拜金主义、造假和卖假货……与巴菲特对管理层所要求的“无为、无我、无私”相距甚远。

有资料显示，2011年8月中国亏损企业为4.1万家，到2012年8月就突然上升为5.3万家，这已经算是触目惊心的亏损蔓延。也就是说，从2012年开始，中国经济开始步入下行轨道。2013年亏损企业维持在5.4万家，看起来那两年的日子都还能勉强熬得过去。但是到了2015年，熬不下去了，亏损企业数目暴增至5.9万家。

总之，旧的不去，新的不来。对于中国经济大环境来说，我们寄希望于中国的90后能继承和发扬新时代的商业文明，不断地创新和创业，改良中国私企的基因，从而创造更加公平的商业氛围，同时祝愿中国早日实现崛起！

第三节　国企改制

一　国企由来

国有企业（简称国企）的普遍出现始于第二次世界大战后。当时随着一般垄断资本主义转变为国家垄断资本主义，资本主义国家开始对经济生活进行全面的干预和调节。同时，在新科技革命的浪潮推动下，企业生产规模日益扩大，纯粹靠自由竞争维系的市场经济造成了社会的不稳定。在这种情况下，资本主义国家开始承担起对生产的领导地位。

从 1945年开始，英国将一系列基础工业和英格兰银行收归国有，法国将能源部门、保险部门、金融部门和一些大公司改为国家接管。与此同时，日本政府设立的国有企业从战争结束时的7个迅速增加到20世纪70年代中期的114个；美国政府也创办了一些国有企业，这些国有企业主要集中于能源部门、基础设施部门、提供公共产品部门和科技开发部门。

我国的国有企业主体是建国初期通过没收官僚资本归全民所有建立起来的，并且在接下来的三十年时间里，成为国家财政的主要收入来源和主要支出渠道。不可否认，国企是共和国的长子，为中国经济建设做出了巨大的贡献。尤其是在建国初期，我们为了加快实现国家的工业化，拥有了国有资产和国有企业，国有企业一直是政府支持和扶植的对象，其中政府税收的很大部分都投入到国有企业中，大量的国有企业因此建立和出现，有的国有企业还是由原来的政府部门转变而来的，如中国电信、中国移动，后改为电信局，再后来在20世纪90年代末21世纪初改组成为中国电信、中国移动等电信企业。国有企业曾是我国国民经济中的中流砥柱，构成了极其巨大而庞杂的体系。

后来，中国加入WTO，国际知名的大型跨国公司大举进驻中国市场，各种洋货猛烈冲击国货。尽管民营经济已经有了很大的发展，但是由于其在技术、质量、规模等方面的显著差距，尚不能与跨国公司抗衡，而只有大型国有企业才是抗衡跨国公司的生力军。如彩电行业曾是进口产品最多的市场，但是1996年四川长虹等大型彩电公司在价格、质量、服务等方面与外国名牌展开市场争夺战，一举打破了大屏幕彩电由外国名牌主导的格局，以致长虹的“红太阳一族”大屏幕彩电在国内市场占有率达三分之一。

二　国企弊端

随着中国经济结构的调整，国企的弊端也随之显现，国企因政府长期大力扶持，导致缺乏竞争力与创新精神。另外，由于国企没有直接的主人（实际上国企的主人是人民大众），它既不是董事会投资的，也不是管理层投资的，资产更不是广大员工的，产权的不明晰导致没有人真正地关心它的效益和发展。

中国国企还有一个严重的弊端：政企不分。很多国企结构弄得和机关一样，从严格意义上讲，国企并不是真正意义上的现代化企业。

1. 企业领导行政任命

这是大家众所周知的，一般大型国有企业的领导都是副处级以上级别，任命时并不太考虑市场经验、经营手段之类的因素，这导致很多国有企业内部简直就是个小政府，提拔、表扬、嘉奖、处罚等都由领导说了算。

2. 机构臃肿

国有企业工资福利待遇较民营企业要好出许多，而且有很多是虚职，有很多领工资而不干活的。所以很多企业领导会把自己的亲戚朋友之类的人安插进去，这导致企业的负担很重。另外，有些要职也可能被非正常渠道的人员占据，这些人大多不学无术，难以胜任，由此引发的问题更是不可胜数。

3. 无经营意识

国有企业很多都是垄断企业，在国内基本没有竞争对手。就算企业盈利，低层员工也不一定能得到什么实惠，而老总们本身收入都很高，这让很多国有企业抱残守缺、固步自封。在设备更新、人才引进和管理革新上数十年如一日，而且根本没有改进的打算。市场竞争力越来越差。

4. 缺乏监督

对于民营企业来说，老板会监督；对于股份制企业来说，管理层受到绩效奖励和股权激励的推动，很在乎公司业绩，并且股东对管理层也有监督权。而对于国有企业来说，口号上当然可以喊成“政府监督”、“人民监督”，但事实上政府是鞭长莫及，至于“人民监督”更是形同虚设。

俗话说：人无远虑必有近忧。既然国企并不在乎发展和效益，那么必然也会受到其他方面的困扰，比如，“人性”。

> 在国企里做事，“人”永远都是绕不过去的一道坎，你不可能把“事业”做得那么纯粹。国企最难逾越的不是做事本身，而是复杂的中国人性。

5. 三个和尚的故事

这里借用一个古老而有趣的故事……

> 从前有座山，山里有座庙。一个和尚挑水吃、两个和尚抬水吃、三个和尚没水吃。
>
> 总寺的方丈大人得知情况后，就派来了一名主持和一名书记，共同负责解决这一问题。
>
> 主持上任后，发现问题的关键是管理不到位，于是就招聘了一些和尚成立了寺庙管理部来制定分工流程。
>
> 为了更好地借鉴国外的先进经验，寺庙选派唐僧等领导干部出国学习取经；此外，他们还专门花钱请了天主教堂、基督教会的神父传授MBA。
>
> 外国的神父待了不久就走了，留下两个宝贝：BPR和ERP。

书记也没闲着，他认为问题的关键在于人才没有充分利用、寺庙文化没有建设好，于是就成立了人力资源部和寺庙工会，等等，并认认真真地进行了竞聘上岗和定岗定编的过场。

几天后成效出来了，三个和尚开始拼命地挑水了，可问题是怎么挑也不够喝。不仅如此，小和尚都忙着挑水，寺庙里没人念经了，日子一长，来烧香的客人越来越少，香火钱也变得拮据起来。

为了解决收入问题，寺庙管理部、人力资源部等部门连续召开了几天的会，最后决定，成立专门的挑水部负责后勤和专门的烧香部负责市场前台。

同时，为了更好地开展工作，寺庙提拔了十几名和尚分别担任副主持、主持助理，并在每个部门任命了部门小主持、副小主持、小主持助理。

老问题终于得到缓解了，可新的问题跟着又来了。前台负责念经的和尚总抱怨口渴水不够喝，后台挑水的和尚也抱怨人手不足，水的需求量太大而且没个准儿，不好伺候。

为了更好地解决这一矛盾，经开会研究决定，成立一个新的部门：喝水响应部，专门负责协调前后台矛盾。

为了便于沟通、协调，每个部门都设立了对口的联系和尚。协调虽然有了，但效果却不理想，仔细一研究，原来是由于水的需求量不准、水井数量不足等原因造成的。

于是各部门又召开了几次会，决定加强前台念经和尚对饮用水的预测和念经和尚对挑水和尚满意度测评等，让前后台签署协议、相互打分，健全考核机制。

为了便于打分考核，寺院特意购买了几台计算机，计算机系统包括挑水统计系统、烧香统计系统、普通香客捐款分析系统、大香客捐款分析系统，等等，同时成立香火钱管理部、香火钱出账部、打井策略研究部、打井建设部、打井维护部，等等。

由于各个系统统计出来的数量总不准确、都不一致，于是又成立了技术开发中心，负责各个系统的维护、二次开发。

由于部门太多、办公场地不足，寺院专门成立了综合部来解决这一问题，最后决定把寺院整个变成办公区，香客烧香只许在山门外烧。

部门多、当官的多，文件和开会自然就多，为了减少文山会海，综合办牵头召开了N次关于减少开会的会，并下达了“关于减少文件的文件”。

同时，为了精简机构、提高效率，寺院还成立了精简机构办公室、机构改革研究部等部门。

一切似乎都合情合理，但香火钱和喝水的问题还是迟迟不能解决。问题在哪儿呢?

有的和尚提出来每月应该开一次分析会，于是经营分析部就应运而生了。

分析需要很多数据和报表，可系统总是做不到，于是每个部门又指派了一些和尚手工统计、填写报表给系统打工。

寺院空前地热闹起来，有的和尚在拼命挑水、有的和尚在拼命念经、有的和尚在拼命协调、有的和尚在拼命分析……忙来忙去，水还是不够喝，香火钱还是不够用。

什么原因呢？这个和尚说流程不顺，那个和尚说任务分解不合理；这个和尚说部门职责不清，那个和尚说考核力度不够……

只有仨人最清楚问题之关键所在，那仨人就是最初的那三个和尚。说来说去，就是闲人太多了。

于是这仨人说了“整天瞎分析什么玩意儿？什么流程问题、职责问题、界面问题、考核问题，明明就是机构臃肿问题！早知今日，还不如当初咱们三个自觉自律一点算了。如今倒好，招来了这么一大帮庸人，一个个不干正经事儿还天天添乱”。

三个人忍无可忍，斗胆向上汇报，要求增加挑水的人手，越过数个层级之后，主持和书记总算收到了这个请求，经过各个部门季度会议的总结和分析，经过了数次激烈的探讨，总算可以从其他部门抽调过来一些和尚进行支援，但这些跨部门过来的和尚根本挑不动水，还对挑水的这几个和尚指手画脚，挑水的和尚再次请求，自己担任挑水的和尚团队负责人。总部评估之后认为，三个和尚专业有余，管理能力不足，一番鼓励和劝解之后维持现状。

又过了一年，寺院黄了，大部分和尚都死了：人们在水井边发现了几具尸体，是累死的；在寺院里发现了几千具尸体，是渴死的。

还有少数几个和尚没有渴死，他们跳槽到了其他寺院，他们是“高层和尚”，并且带去了“先进管理经验”。

这就是国企特色，即总部越来越庞大，基层越来越忙碌，成本越来越高，客户越来越不满意。

三　下岗不可怕

20世纪90年代，大量国企改制，私营企业崛起。公务员辞职下海，富人跑海南，穷人跑深圳，做生意当老板流行一时。开矿、挖煤、跑外贸、房地产、办工厂，当下很多传统企业家都是起家于此。互联网行业也发轫于20世纪90年代后期。

当时很多人也是从下岗的悲伤中走过来的，但是不得不承认，当年的国企改制和下岗潮是后来经济起飞的基础。而那些下岗的员工也已奋斗出了一片属于自己的天地。“国退民进”的改革红利一直维持到现在，私企发达的地区就业相对容易。而在国企密集的地区，托门子找关系依然流行。各种世俗的观念依然笼罩在百姓头上。

近两年来，高度依赖国企的东北地区陷入衰退，尤其是辽宁省。下岗再次笼罩在一些职工头上。很多人依然扭转不过来这个观念。他们接受不了脱离一份安逸的工作。

在市场经济中，劳动要素的流转配置是正常而且必要的，失业其实是非常正常的经济现象。在南方工厂，民工荒和失业潮间歇出现，经济在周期性波动中稳步发展。在互联网领域，跳槽换工作非常普遍，失业是家常便饭。近期互联网界普遍在减少招聘，裁员消息也不时传来。但为何在国企，失业却是让人闻之色变的词汇，他们还在沿用“下岗”说法？劳动力市场上，国企员工的流动性最差，而这也是一些国企效率不高，需要改制和改革的原因。

其实所谓国企职工下岗并不是直接目的，重要的是资源优化和经济改革。国企该破产就破产，能改制就改制。改革肯定会有不公，但前景光明比利益纠葛更为重要。中国经济今时不同往日，社会财富积累已十分丰厚，社会保障制度也更加完备，下岗潮并不至于带来当年啼饥号寒的阵痛。若不如此，长时期煎熬等待，国企集中的地区势必塌陷严重。

而一些国企无法减负自救，首要原因是国企不单要考虑经济效益，还要分担就业任务，养活一大批人。这使得国企没有足够动力减员增效。它们理直气壮地从政府和银行那里获得帮助，不必担心倒闭。这导致国企效率低下，同时造成劳动力浪费，利益僵持的代价是改革受阻，经济停滞不前，很多人混吃混喝。

四　产权明晰

论创新精神和危机感，以及生产效率最大化，既当裁判员又当运动员的国企远远不如自负盈亏的私营企业。

传统意义上，我们认为解决经济危机的方法是推翻资本主义制度，用生产资料公有制代替私有制，由社会中心统一安排社会生产。公有制的确压抑住了贪婪，但产权得不到保护，劳动者得不到应有的激励，也不会因为竞争而改进产品和服务，不会为了套利跨区交换商品，整个经济都丧失了活力。

释放产权，就是中国改革的方向之一。当年家庭联产承包责任制，就是一次产权的释放，而下一个改革深化时期，我国将进一步释放产权，国家将逐渐开放一些区域，大胆地吸引民间资本参与进来，增加经济活力。

“贪婪”是个人和社会进步的原动力，说“贪婪”是危机的原因，和肇事者说事故都是汽油的错一样可笑。人人都有追求幸福的权利，这是最基本的人权。

很多人接受不了去给别人打工，要知道我们和企业主的不同只是分工的不同，不是阶级的不同，双方的关系并不是剥削关系，而是两厢情愿的雇佣型合作关系。如果我们能力强大了，也可以创建自己的企业，去雇佣别人与我们一起合作，为其他人创造就业机会。如果经营得好还有可能成为富人，拥有掌控自己命运的能力，这就是“人人都有追求幸福的权利”，这也是未来中国的商业文明。

其实在自由市场经济下，即使爆发经济危机，由于中国政府强大的把控能力，只要实现快速调整，及时修补旧的漏洞，下次就会对同样的危机免疫。研究经济危机的起因和修补结构漏洞，比站在道德制高点上抨击“资本”和“贪婪”更有意义。

而像“资本家”、“剥削”、“贪婪”这些丑化性的词语，以及潜伏的仇富思维，都是人为性的抹黑，属于偏激的描绘，这些意识形态甚至会在未来经济萧条时引发暴力冲突。

因此，我们的国家也正在不断地倡导国企改制，虽然是在摸着石头过河，但是大方向是清晰的，那就是产权明晰、责任明晰。让每个人都明白自己的每一份劳动都是在为自己创造财富，而不是为别人，这才能充分调动每一个人的劳动积极性，中国经济才能保持高增长。

第四节　财富大蒸发

福无双至，祸不单行。2016年将是大危之年，中国势必面临一场经济大萧条。中国经济繁荣时掩盖的很多矛盾，将随着经济萧条的到来而彻底爆发。一个最让人担心的事实是：中国普通百姓的财富将遭受一轮残酷的蒸发。

首先，中国人的财富主要有四种载体，分别是：

- 现金
- 股票
- 存款
- 房子

这四种财富载体就好比四层“羊毛”，将被分四轮剪去。

1. 第一轮蒸发：现金

这一轮剪“羊毛”早在前几年就开始发生了，它瞄准的是最外面的一层“羊毛”：中国百姓手里的流动资金。前几年煤矿、房地产等依然属于暴利行业，民间对资金的需求旺盛，但是由于中国金融体系不健全，银行融资顽固不化，被誉为“地下金融”的民间借贷开始兴起，由于银行担负不了社会融资的责任，只有从民间开始补充。

民间借贷的高额利息十分诱人，因此人们又不惜铤而走险，这也让民间借贷绵延不绝。但是其中也蕴藏着极大的风险，这种以亲情、友情和利益为纽带的融资方式基本是靠信誉作为担保的，一旦资金链断裂，借贷方矢口否认或跑路现象时有发生。

如2011年的温州、2012年的鄂尔多斯、2013年的陕西神木……

2. 第二轮蒸发：股票

这一层“羊毛”依然是附着在外层，蓬松散乱却最易剪去。自从2015年6月15日的股灾以来，两市流通市值减少了22万亿元，每位投资者平均损失近24万元。不过，根据央行公布的个人投资者持股数据计算，个人投资者的人均损失约为6万元。

每人损失6万元是什么概念呢？根据《新京报》报道，截至2015年4月17日，A股账户数为1.98亿户，其中主力为“一人一户”，就是说约1亿中国人是股民。如果每人损失约为6万元，那么也就是损失6万亿元，再与去年的中国GDP收入14万元亿比较，今年的股灾损失是去年GDP收入的八分之三。这么多资金蒸发，2015年的股灾绝对是史无前例的。

而且这1亿股民基本上都是工薪阶层，炒股的费用往往是他们的血汗钱。比如，我身边凡是炒股的朋友，亏损多则上百万元、几十万元，少则几万元，都对自己的生活产生了深刻的影响。这次股灾不仅造成财富洗劫，更对中国的消费疲软产生了更加负面的影响。

3. 第三轮蒸发：存款

这是中间的一层“羊毛”，羊需要它来保暖过冬，除非到了非剪不可的地步，一般不会去剪掉它。但是如今中国经济下行严重，需要用它来“取暖”。

下面以银行一年期存款利率为例来看看其中的变化：

1996年——10.98%

1997年——8.64%

1998年——7.92%

1999年——5.65%

2007年——4.14%

2008年——3.6%

2011年——3.5%

2012年——3.25%

2014年——3%

2015年3月——2.5%

2015年5月——2.25%

2015年6月——2%

2015年8月——1.75%

2015年10月——1.5%

到2015年8月一年期存款基准利率只有1.75%，而2015年9月我国居民价值消费指数（CPI）同比上涨2%，而且这里的CPI是官方统计数据，如果按照M2（广义货币，反映货币供应量的重要指标，等于流通中的现金与支票存款即M1+储蓄存款之和）减去GDP增速的数值计算，目前我国真实通胀水平基本达到6%左右。也就是说，如果你把1万块钱以定期方式存入银行一年，一年下来你的钱的购买力只剩下了9575元了，白白蒸发掉了475元！并且CPI的涨幅很可能继续上升，而基准利率还会持续降低，“负利率”不仅会长期存在，而且负值不断拉大。所以普通人如果只把钱存在银行，那么钱只能越存越少。

而且根据国务院最新公布的《存款保险条例》，自2015年5月1日开始，实行50万元的赔付上限。也就是说，无论你是公司还是个人，一旦你存钱的银行破产后，银行最多赔你人民币50万元，这样就可以防范经济危机带来的挤兑潮。

4. 第四轮蒸发：房子

这是贴着羊皮的一层“绒毛”，如果连它都被剪掉了，羊就要光着身子了。房子成了很多中国人的寄托和希望，甚至要以房养老。如果房价真的下跌了，很多人就真要“光着身子”了；如果房价继续上涨或者维持高位，将有更多的百姓被剪羊毛。这是为什么呢？

房价上涨，就是一轮剪羊毛。1987年全国平均房价是多少？408元/平方米。直到2012年房价翻了多少倍？已经不重要了。我们只需明白：老百姓辛辛苦苦挣的钱都买了房子，有多少人是举两代人、几个家庭之力换回一个立足之地？

任志强称：“对于房价来说，土地出让金占到54%～55%，再加上25%的所得税、增值税可能到60%，包括地价和各种税费在内的成本占到房价的70%左右。”以100万元购买了一套房子，里面约70万元属于上交国家的钱了。

到了现在，从行情变化来看，虽然局部地区房地产回暖，但从房地产市场供给、新开工指标、房地产商购置土地即待开发土地指标等方面看，房地产市场目前仍比较乏力，依然处于消化库存的阶段。

房价早已“绑架”了中国经济，如果房价下降，说明中国经济已经处于崩溃边缘，意味着与房地产相关的消费如建材、纺织、家电等都将大幅下降，贷款买房的百姓将守着一堆负资产，老百姓仍然是最大的受害者。如果房价不下降，住房作为一项基本需求，将有更多的老百姓不吃不喝去供养它，高房价本身不就是最残忍的“剪羊毛”吗?

除了以上四轮“剪羊毛”之外，中国企业的效益也持续走低，制造业的边缘化导致很多工人失业，工厂倒闭、实体店关门、公务员福利降低、生意惨淡这些都是正在发生的事实，而且在经济大萧条时期，一方面，房子、股票、储蓄等手段已经不能再让财富保值；另一方面，相对稳健的银行理财产品和以余额宝、理财通为代表的互联网金融产品的收益率也会越来越低，超过5%的已经难觅。对于老百姓来说，这些都是难以承受之重。

再从国际环境来说，2016年是美元加息年，资金加速逃离。逃跑的李嘉诚只不过是有先见之明而已。中国经济泡沫的大破灭，一定是在国际资本出逃后，李嘉诚肯定是预感到中国财富的大洗劫就要开始，必须在大风暴来临之前转移财富。元末明初，沈万三积累起巨额财富，明初被朱元璋洗劫一空，商业巨贾面对国家机器尚不能幸免，那平民百姓只能更惨，在危机面前只能束手就擒。

第五节　七年魔咒

一　历次经济萧条节点

婚姻有“七年之痒”，经济也有一个屡次应验的“七年魔咒”。

比如，全球股市低迷周期开始于1966年，那时股市出现了20%的下跌；七年后，股市再次下跌了45%；七年后，“硬萧条”开始了（1980年）；七年后，出现了黑色星期一崩溃（1987年）；七年后，1994年债券市场溃败；七年后，9·11事件发生，股市崩盘；七年后，2008年全球金融危机；七年后，2015年全球经济再次低迷，全球的经济引擎中国经济增速明显放缓……

下面是笔者总结的历年来的经济萧条节点，值得注意的一个有趣的现象是，每一次经济危机都伴发一些战争，先来列举一下当年的状况和背景。

- 1966年：股市崩盘（越南战争）
- 1973年：石油危机（中东战争）
- 1980年：白银星期四（两伊战争）
- 1987年：黑色星期一（丰田战争）
- 1994年：债市崩盘（第一次车臣战争）
- 2001年：股市崩盘（美国9·11恐怖袭击）
- 2008年：次贷危机（俄格战争）
- 2015年：全球再次陷入经济低迷（法国IS恐怖袭击）

1. 1966年的股市崩盘（越南战争）

1966年，越南战争升级，美国和苏联的太空竞赛也日益升温，美国股市处于熊市之中。

当时美国总统是林登·约翰逊。他就任总统时，经济增长、通胀率低、失业率低，股市也长期走高。当时美国的债务水平不高，1965年的时候，美国的GDP（4%）高于失业率（3.3%），第二次世界大战后，美联储将利率保持在低位（1%～2.5%），使得1950—1960年代初，经济和金融市场都保持繁荣。

1966年，美联储加息收紧信贷，但一切看上去仍然很不错，道指甚至创出新高，之后小幅回落，同年3月再创新高。但到了年底，道指狂泻22%。这一年成了一个分水岭，许多分析师和经济学家认为，1966年是熊市的开端，而这一熊市一直持续到了1982年。越战在美国国内激发了不少抗议活动，美国的不少城市也陷入动荡之中。

2. 1973年的石油危机（中东战争）

1966年的七年之后，通胀上升，美国的通胀率达到6.1%，英国甚至高达8.4%。1972年美国股市上涨了15%，正当大家都期待着又一年的上涨行情时，熊市来势汹汹。在1973—1974年的熊市中，美股下跌了45%，英国更惨，下跌了70%，致使这两个国家的经济都陷入严重的衰退。

1950—1960年，低油价使得通胀保持在相对低位，但1973年10月第四次中东战争爆发，OPEC（Organization of Petroleum Exporting Countries，石油输出国组织）为了打击对手以色列及支持以色列的国家，宣布石油禁运，暂停出口，油价在短时间内飙涨了200%。

但股灾并不是这一事件引起的，股市从1973年1月起就开始下跌。在此之前的一段时间，美联储采取了宽松的货币政策，除了提振经济外，还有以下两个原因：1）为越战筹款；2）为政府的福利项目筹款。宽松的货币政策和不断增加的联邦赤字导致通胀升高，1972年年末，美联储的政策从刺激经济转变为打击“可能出现的通货再膨胀”。美联储收紧政策对股市造成冲击。

还有一个不得不提的原因是“尼克松冲击”，1971年，尼克松宣布放弃金本位，停止美元兑换黄金。金本位制度的崩溃，对国际金融乃至世界经济产生了巨大的影响，货币贬值，通胀升高。

3. 1980年的白银星期四（两伊战争）

1980年，美国的通胀率达到了13.5%的峰值，金价飙升至850美元一盎司。这一年，两伊战争爆发，1973年的石油危机使得未来的10年内通胀都保持在高位。联邦基金目标利率从1978年的6%提高到了1979年的10%。股市再次对加息做出激烈的反应，1980年，股市从接近1000点的位置下跌到了759点。这一年的1—7月，经济也陷入衰退之中。

高利率一直维持到了1982年，通胀降下来了，但股市和经济为此付出了代价。这一年又成了经济和股市的转折点。

4. 1987年的黑色星期一（丰田战争）

1987年，美国股市迎来了著名的"黑色星期一"。1987年10月19日（星期一），美国股市创下22.6%的历史最大单日跌幅，全球股市在道指暴跌带动下全面下泻，引发金融市场恐慌。

值得一提的是，1987年1月，道指首次站上2000点大关，7月又突破到了2500点。股灾之后，美国经济却并没有受到太大的影响，这个例子也说明股市的走势并不代表经济是否健康。

整个1980年的问题是利率太高，美联储将利率从5%的低位一路提高到了20%的峰值。显然，当时美联储的目标是扼杀通胀，哪怕经济也陷入了"昏迷"。1987年，通胀降到了2.5%左右。

至今也没人能确切地解释"黑色星期一"的原因，1987年10月的一个星期一，突然之间，股市开始狂泻，导致一切资产都遭遇了恐慌性的下跌，包括避嫌资产黄金。

1987年乍得和利比亚在乍得北部和乍得边界发生武装冲突。此次战争由于利比亚领导人卡扎菲拒不承认乍得总统哈布雷的合法性而引发。战争使得利比亚遭受惨重的损失，史称丰田战争。

美国对"丰田战争"的结果颇感兴趣，后来乍得总统哈布雷到访华盛顿，美国向其提供了价值3200万美元的援助，其中甚至包括地对空导弹。

5. 1994的债市崩盘（第一次车臣战争）

1994年的危机被称为“债券市场大屠杀”。尽管当时的通胀率已经处于低位，但美联储仍在与通胀斗争。1994年，美联储进行了一系列连续加息行动，造成债券市场暴跌，投资者陷入恐慌。

1994年10月，CNN Money的Al Ehrbar写了一篇题为《债券市场大屠杀》的文章：“从年初到9月中旬，30年国债的收益率从6.2%飙升到了7.75%，美国国债持有者遭受了规模约6000亿美元的损失。各主要国家的长期利率都在上升，这一年全球债市的损失数额达1.5万亿美元。”

美联储忽略了高达6.2%的失业率，这一数字表明经济没有过热，美联储在100天内加息3%，不仅重创债市，也使得股市在1 ~ 5月的这段时间下跌了7%。

第一次车臣战争发生于1994—1996年，是俄罗斯与车臣武装分子之间的一次武装冲突。这次冲突给俄军带来惨重的伤亡代价，直接经济损失约50亿美元。

6. 2001年的股市崩盘（美国9・11恐怖袭击）

2001年3月，9・11事件发生之前，美国股市已经开始下跌。3月12—16日，道指在5天内经历了3次大跌，一周跌掉了821点，跌幅达7.7%，标普500和纳斯达克也分别遭遇了7%和8%的跌幅。9・11事件后的首个交易日9月17日，道指下跌684点。

2000—2001年，利率仍然处于高位，2001年3月股市大跌后，美联储才开始降息，到了9月已降息一半，到年底再降息一半。

有一点需要说明，石油危机并没有制造通胀，它只是加剧了通胀，同样，引发股市下跌的也不是9·11事件，股市下跌在6个月前已经开始了。

7. 2008年的次贷危机（俄格战争）

2008年9月29日，道指狂泻777点，刷新了史上最大单日跌幅。1.2万亿美元的市值瞬间蒸发。

这一场危机自2007年8月开始浮现，次贷危机爆发后，投资者开始对按揭证券的价值失去信心，引发流动性危机。多国央行向金融市场注入巨额资金，也无法阻止这场金融危机的爆发。

直到2008年9月，金融危机开始失控，9月14日，雷曼兄弟在美国联准会拒绝提供资金支持援助后提出破产申请，而在同一天美林证券宣布被美国银行收购。这两件事拉开了全球股市大崩盘的序幕。全球经济也陷入衰退之中。

俄格战争是指俄罗斯与格鲁吉亚于2008年8月8日北京奥运会当天在格鲁吉亚境内为争夺南奥塞梯的控制权而引发的一场战争。

8. 2015年的全球经济衰退（法国IS恐怖袭击）

2015年，全球市场似乎处在风雨飘摇之中，大宗商品价格持续下跌，新兴市场遭遇货币危机，中国作为全球经济引擎的新兴经济体增速放缓，股市动荡，房价下跌。欧洲经济被对共同货币的担忧所拖累，欧洲三驾马车中，德国工业体系强大，英国虽然实体一团糟，但以金融、服务为代表的虚拟经济却一直全球领先，而法国长期实体经济萎靡不振，虚拟经济又大不如英国。美联储加息预期造成市场恐慌，全球股市剧烈波动。

2015年11月13日晚，巴黎发生震惊世界的法国历史上最严重的恐怖袭击，造成128人死亡，多人受伤。

如今股市财富在整个世界上都不同程度被蒸发了，世界上前几大的经济体中无一例外。主要例证为：

- 美国——美国道琼斯平均指数下跌了2000多个基点。
- 中国——2015年股灾使上海证券综合指数从最高位暴跌了近40%。
- 日本——日经指数目前已经下跌了3000多个点。
- 德国——德国股市近四分之一的市值已经蒸发了。
- 英国——英国股市从巅峰下跌了近16%。
- 法国——法国的股市下跌了近18%。

从以上规律来看，即将过去的2015年的确是历史的转折点。我们再拿2015年和2008年的情形相比，尤其是中国国内在这个周期发生了什么变化，从而更好地以2016年为契机和起点。

二　中国的契机与起点

1. 2008年全球金融危机，2015年中国制造业危机

2008年的金融危机是世界性危机，当属“天灾”；2015年的危机是中国结构性危机，当属“人祸”。而对于中国来说，在这两次危机中的重要角色都是：Made In China——中国制造，只是在互联网+时代，新人变旧人。

2. 2008年企业扩张，2015年企业倒闭

2008年经济复苏之后，很多企业幻想着市场能够像2007年之前那样野蛮增长，这些企业开始疯狂利用融资杠杆来扩张产能，再加上又忽然冒出来一个4万亿元投资，很多中国企业就好像被活生生地打了一针兴奋剂一样。

企业兴奋过头了，就像抽风一样。结果这些钱都去哪里了呢？都去了利润最大的行业——房地产。一时间，中国高楼大厦遍地起，与此同时，这些企业往往债务负担沉重。

结果楼市情况一不好，企业现金流就出现了大问题，无数企业被套牢，所以，2015年纷纷倒闭的这些企业，基本上都是2008年之后不断大肆扩张的企业。

3. 2008年银行求企业，2015年企业求银行

银行就是有这么个"嗜好"：当企业有钱的时候，就会找上门来，要给企业锦上添花，问企业还需要钱不。2008年，国家的4万亿元投资就是这么花掉的，企业差点被活活撑死。

但是到了2015年，企业被房地产拖垮。这个时候企业再去找银行借钱，银行已经不可能再借钱给它们了，因为银行只肯把钱借给"有钱人"，或者"能还得起钱的人"。

在企业缺钱最需要钱的时候，银行就会远远绕开，决不会雪中送炭。所以，从某种程度上可以说，很多中国企业就是被中国的金融体系搞垮的，这一点笔者将会在另外一个章节专门论述。

4. 2008年人民币升值，2015年人民币贬值

从2008年开始，人民币开始升值，导致出口加工业利润趋零；粗放式的生产导致产品没有附加值；内需市场的大幅萎缩造成产能过剩；同时房地产开始回落；互联网等新兴产业不断搅局，最终导致传统企业和传统模式越来越难，中国制造不断走下坡路。

2015年8月11日，人民币3天时间贬值幅度近5%，就是为了挽救"中国制造"。因为中国的这一轮经济危机，基本上可以等同于"中国制造"的穷途末路。但是，在全球需求仍然疲软的情况下，人民币如果贬值不超过10%以上，很难对出口有太大提振，很难挽救奄奄一息的"中国制造"。

5. 2008年调高工人工资，2015年调高公务员工资

自从2008年以来，中国政府不断上调各地最低工资标准，大幅上调社保

基数，以致于中国企业的人员开支成本不断攀升。到2015年，中国的人工成本早已远超东南亚、印度等竞争对手，甚至已经逼近美国。

再加上税收等其他原因，中国企业运营成本越来越高。现在国家仍然呼吁调高基本工资，但中国企业已经负担不起，以致于国家能调高的只有公务员工资了。

6. 2008年倡导就业，2015年倡导创业

2008年温家宝总理关注的是就业率，那时的口号是“扩大就业”。但到了2015年，李克强总理提出“大众创业”的口号。

因为中国要想继续保持经济的高增长，唯一的办法就是发动全员进行生产和创造，治理慵政、改革国企，提高全民劳动积极性。

7. 2008年企业靠市场，2015年企业靠融资

2008年企业的发展靠市场。比如，企业的产品销量有多少、利润有多少、经销商有多少？如何进一步提升？未来前景有多大？等等，这些问题是企业的立足之本。

2015年企业的发展靠融资。在互联网+时代，以京东为代表的发展模式，成就了下一轮企业发展的追随之路，一边亏钱一边赚钱，依靠资本力量的推动换取未来。

时代变化太快，“物是人非事事休”，随着互联网+的到来、90后一代的成长，以制造业和零售业为代表的传统模式越来越难以为继，原来所熟悉的市场完全不见了，一个崭新的时代即将到来。世界在波澜起伏中前行，有危机也有机遇。

8. 经济危机是正常的现象

综观整个世界的发展，自从工业革命以来的200多年来，人类的生产力一

直在快速发展，直到现在，我们每一个人可谓身逢盛世。但是再放眼周围，我们又确确实实在经历一次经济低谷。

那么，为什么生产力快速发展的社会也有经济低谷呢？

经济低谷其实通过快速失衡的方式，对过剩的能量进行集中释放，当过剩的能量释放完毕，社会就自动恢复平衡状态，再逐渐攀升至顶峰，然后逐步滑落到下一次的低谷。

同样的现象广泛出现在生态、气候、沙堆，甚至太阳表面上，各种领域都会发生类似的危机。例如虫灾、厄尔尼诺、太阳耀斑，都是这样的。

以农产品价格的丰年危机为例：农产品需要经历耕种、收获、批发、运输、零售等多个环节。一般来说，每年的销售量是稳定的，但农民并不知道未来的销售量，也不知道其他农民的产量。农民为了多挣钱，或是因为跟风而增加产量，就会出现连续几年大丰收。当销售环节不能及时消化各方的存量时，就会出现农产品过剩。如果再遇到一年的大丰收，就会引发价格大跳水。而批发商手里的存货太多，卖不出去，时间长了会烂在仓库里贬值，没有办法只好抛售。连带效应是大批农民也被迫赔钱贱卖，导致破产。但是第二年、第三年，因为产量急剧减少，过去的存量很快消化完，价格又会恢复到正常水平。

然后又是另一个循环。

不知道现在的语文教材里还有没有《多收了三五斗》这篇课文，它描述的就是丰年危机现象。 其实丰年危机并不是近代才有的，从新石器时代人们掌握大规模种植技术，开始有了粮食剩余后就出现了。因为没有粮食剩余，就不能支撑更多的社会分工，养活不起那些从事手工业、商业的人，也不会出现货币进行交换。

中国最早的丰年危机记载是在春秋时代。范蠡的老师计然，为帮助越王勾践称霸提出平粜政策。计然从气候旱涝的角度解释经济周期现象，并提出了由政府来调控粮食价格的政策，以防价格过低伤农，或价格过高挫商，从而减轻了经济危机所造成的社会动荡。这证明春秋之前中原就已经频繁爆发丰年危机，需要政府来宏观调控。越王勾践最后用10年就实现国富，后来成为春秋五霸。

后来的李悝又将平粜政策发展为平籴法，以保护农民的利益，帮助魏国成为战国七雄。历史告诉我们：经济低谷不是个例，而是频繁出现的正常社会现象。

很多人把经济低谷归结到人性贪婪的结果，这其实是一种极端的思维。你能说这是农民贪婪造成的吗？他们只是需要生存而已。这里面没有资本主义，没有统治者与被统治者，没有阶级斗争，也没有剥削。更没有社会制度的因素，甚至在“国家”诞生前就已经存在经济危机了。

如果把人口换成兔子、田鼠，繁殖的后代多了就会引发草原生态的马尔萨斯危机。如果换成海水，高温海水积累多了就会在太平洋出现厄尔尼诺现象。如果换成沙子，落下的沙子多了就会出现沙堆瞬间崩塌现象。如果换成等离子体，磁场中聚集的能量多了就会产生磁场重联在太阳表面出现耀斑。它们也不会贪婪，但一样周期性地突然爆发危机。

金融是人类“食物链”的最高端，人类行为的波动最终都会引起金融的动荡，那么，当金融市场内资金流动的速度远远超过实体经济内资金的流动速度时，就会爆发金融危机。

所以，不管国家是什么社会制度、什么经济政策，要面临的问题不是经济危机会不会爆发的问题，而是经济危机什么时候爆发，在哪个环节爆发的问题。这就是我们接下来需要谈到的问题。

第六节　人口与财富

中国已经全面放开二胎政策，你知道这背后的深层次的原因吗？

财富归根结底都是由人创造而来，只有合理的人口结构才能源源不断地创造财富，要想对中国未来有清醒的判断，必须对中国未来人口结构有理性、客观、深入的认识。而且人口结构不是抽象的概念，数据是最好的说明方式。

一　人口比重下降

在很多人的潜意识里，一直认为中国人的家族观念、传宗接代观念特别强，所以都比较喜欢多生孩子。事实却不是这样，自从中国遭受外敌侵略以来的200年以来，特别是实行计划生育的近30多年以来，中国人口的增长速度远低于世界平均水平。请看下面一组数据：中国占世界人口的比重在1820年、1950年、1980年和2013年分别是35.0%、21.8%、22.1%和19.0%，总体上在大幅下降，而且下降速度不断加快。

所谓生育率，就是指平均每个妇女一生中所生的孩子数量。根据国家统计局历年的人口普查和抽样调查，1995年总生育率为1.46；2000年为1.22；2005年为1.33；2010年为1.18；2012年为1.26，总体呈下降趋势。

而2.1被认为是保持世代更替水平的总和生育率，也就是说，一对夫妻平均生2.1个孩子，可以基本保持人口相对于上一代既不增加也不减少。那么当人口生育率低于1.5就属于超低生育水平。一旦跌破1.5以下，将很难再有显著回升。中国现在的生育率意味着每隔一代人（25 ~ 30年）出生人数将萎缩36%，两代人就会萎缩60%。这个人口萎缩的速度在人类历史上将是空前的。

根据联合国《世界人口前景2010修订本》按高、中、低三种生育率方案对中国人口增长率所做的预测，中国人口将在2017年达到13.6亿的峰值后迅速下降。然后在2026年转入负增长，此后负增长的速度越来越快，直到2060年才会稳定下来。

虽然中国实行了单独二孩政策，但是遭到了很多新建家庭的冷遇。为什么中国人不愿意生第二个孩子呢？因为大家普遍觉得在中国生活太不易了，从孩子出生、上学、就业，到买房、婚嫁、看病，等等，让大家身心疲惫。每一个家长都是过来人，他们都体会过自己父母的不易，不想重蹈覆辙。中国特定的社会状态决定了80后、90后的生育观已经被深刻影响且固化。

所以，目前中国改革开放的经济硕果依赖了人口红利，而这种人口红利的消失也是必然的。中国东北喊了这么多年产业转型、升级，不但没有转过来，反而率先出现经济衰退，这是因为东北三省每年人口净流出180万，而且东北的老龄化程度最严峻。

当然，人口红利消失后可通过产业升级，用“中国智造”护驾“中国制造”。其实“制造”和“智造”都依赖年轻的体力和智力，这就是人口老龄化的问题了。

二 人口老龄化

我们经常说：少年强，则中国强。一个社会的年轻人数量越多、年龄越轻，经济就越有活力。

这里引用一个人口平均年龄中位数的概念。平均年龄中位数是指用人口平均年龄除以2的得数，它在一定程度上可以反映出一个国家老龄化的程度。2015年世界平均年龄中位数还不到30岁；预测到2050年世界平均年龄中位数也只有36岁，因此今后世界经济还将平稳增长。而关于一个国家的经济活力，国际上有一个参数：该国20 ~ 64岁劳动力与65岁及以上老人之比代表经济活力。

根据中国社会科学院和社会科学文献出版社发布的《城市蓝皮书：中国城市发展报告No.8》，中国正加速进入老龄化社会。1979年，中国人口年龄中位数只有22岁（即一半的中国人年龄小于22岁，以此类推），而美国那时是30岁。2008年，中国人口年龄中位数只比美国年轻2.2岁，此后20 ~ 64岁总劳动力也只会增长7年。中国的人口年龄中位数在2014年开始超过美国，在2030年、2050年将达到45岁、55岁。

一个国家的人口平均年龄和GDP人均收入相关。比如，日本经济占全球比例从1960年的3.2%提高到1994年的17.5%，但随着日本年龄结构的老化，经济占全球比例回落到2014年的5.9%，日后还将继续下降。

日本的人口年龄中位数1992年即达到38.5岁，而美国那时仅为33.4岁，所以日本经济从1992年开始增速低于美国。1947—2014年，日本与美国的人口年龄中位数对比，从比美国小8岁到比美国大8.8岁，日本与美国的人均收入增速差也由1947—1966年的年均5.63%下降到1971—1990年的年均1.15%、1995—2014年的年均-0.65%。中国应该吸取其他国家的前车之鉴，日本20多年来经济发展不起来，就是因为生育率太低，人口结构老龄化加剧。

中国从2013年开始，每年进入退休年龄的老人数量不少于1700万，而新增的工作人口却不多于1300万。也就是说，中国的“人口红利”正在变成“人口负债”，并且这种趋势至少会持续25年，老龄化速度正在递增。劳动人口的绝对数目和相对数目都在下降，这给中国经济又添了一层隐忧。

一个国家的财政收入的钱从哪里来？归根结底，还是由劳动人口创造贡献的。据统计，中国到2025年劳动人口与老人数量之比是3.0，目前这一数值是5.5，即未来10年内会下降近一半。到2040年，这一数值是2.0，即2个工作人口养活1个老人（还需要抚养小孩），这是什么概念？目前这个数值在5.5的情况下，养老金账户已经在空账运行了，那么在2.0的情况下，劳动人口将每月缴纳近3倍于现在的养老金比例，那日常生活开支怎么办？抚养小孩怎么办？

这意味着什么？在目前养老制度不变的情况下，个人缴纳的养老金比例将由8%升至16%，企业缴纳的养老金比例将由20%猛增至40%。任何企业都无法承受如此高的成本。因此，在未来的10年中，社保制度一定会发生本质的改变，而这种改变就是对存量财富的再分配。

作为80、90后需要面临空前的物质压力。他们本可以吟诵诗歌、结伴旅行、开读书会，但是在现实面前，他们一成家就得对柴米油盐精打细算。他们的生活，从一开始就是物质的、世故的，而不能去思考各类问题，思想上的贫瘠往往造成行动上的固化，创造力何从谈起？

在医疗费奇高和物价高通胀年代，养一个人的代价越来越高。但中国情况偏偏是越来越少的年轻人需要赡养越来越多的老年人。在20世纪中国的60年代，往往可以一人工作养活五口之家；70年代可以做到一人工作养活三口之家；而现在的80后，小夫妻两人工作养一个小孩，日子都过得紧巴巴的。而新生代的90后跟80后差不多，都是独生子女，都要面对高房价，都处在物价高、通胀年代，都有着4—2—1式的家庭结构（即4个老人，一对夫妇，1个孩子），退休后社会整体赡养比都是极低的2.0，可以说是有过之而无不及。

再来谈谈10后吧，2010年以后出生的孩子，这里称他们为10后。等到10后们长大成人时如是独生子女，仍将面对4—2—1式的家庭结构。最重要的是，他们的父母80后也是独生子女，也需要面对自己的4—2—1式的家庭结构。也就是说，10后们还要赡养隔代老人，即80后的父母辈。

不过，那个时候，他们至少都不是房奴，因为前面说过，随着上一代老人的陆续去世，大量空置房被释放，不需要面对买房压力。真心希望天生就不是房奴的10后们能以此为契机，轻装上阵，将精力和才智投入到技术变革和制度创新的浪潮中去，从而创造新的增长点，为中国的崛起埋下伏笔。

衡量一个国家的人口结构，还有一个指标就是性别比例是否和谐。一阴一阳谓之道，阴阳协调有助于社会和谐。而且和谐的性别比例有助于繁衍出一个个健康的家庭。

三 性别失衡和光棍危机

在正常的自然情况下，人口出生性别比一般介于103 ~ 107之间，也就是说，每出生100个女婴，相应有103 ~ 107个男婴。这是最和谐的性别比例。中国的人口出生性别比在20世纪80年代之前基本正常，1982年人口出生性别比为107，但之后迅速攀升，1990年达到111.3，2000年升至116.9，到2004年更高达121.18。总体上来说，中国的人口出生男女比例已经连续30多年超过107：100的最高警戒线，成为世界上人口出生性别比失衡最严重的国家。

根据2000年第五次人口普查，当年出生性别比为116.9，其中，第一胎出生性别比为107.12，第二胎就飙升至151.92，第三胎更高达160.3。从这组数据可以看出，第一胎的出生性别比基本正常，越往后就有更多的女胎被选择性堕胎，从而推高了出生性别比。

性别失衡的直接后果就是光棍危机。根据国家统计局数据，从1980年到2014年，中国一共出生了6.75亿人，这34年的平均性别比是114.7。按性别比正常值推算，男性比女性多出了3000多万。15年后，每100个20岁的女孩周围，将环绕着118个同龄的追求者。据此估算，1990年出生的男性，将有六分之一不能组建家庭。2000年出生的男性，这个比例是七分之一。

男人之所以成为光棍，完全是自身能力的问题。有人开玩笑说：中国不是实行一夫一妻制的，是一房一妻制。有一套房子，才能有一个老婆；没有房子，就没有老婆。所以，传统社会中国的达官贵人说娶了一“房”姨太太，而不是说娶了一个姨太太。

3500万的男性光棍就相当于一个波兰或者加拿大的人口总数，是朝鲜或者伊拉克人口的1.5倍，是古巴或者希腊的3倍，是瑞典或者海地的4倍。中国历代农民“起义军”，在很大程度上是一支“光棍军”，那些由于贫穷而不能娶妻、组建家庭的男子汉，成为社会的反抗力量、破坏力量。中国清朝末年的“捻军”就是一个例子。这个“光棍叛乱集团”所控制的地区一度拥有600万人口。

男女性别比失衡会造成早婚、订婚、婚姻买卖现象增多，导致婚姻错位、代际冲突及婚外情、第三者插足、非婚生育以及同性恋、性疾病、性犯罪等社会现象增加，危害社会公共安全。

四 “剩女”现象

有个问题值得探讨：即使在性别比例适中的情况之下，还是会有很多人选择单身，因为中国正在经历特定的阶段，人们的心态发生了微妙的变化，有两种人会永远单身，分别是：条件不好的男性（光棍）和条件太好的女性（剩女），而且这两者更无法走到一起。

为什么适婚的男性数量多于女性，但还是有很多女性选择做“剩女”呢？如果说光棍（剩男）是社会的隐忧，那么剩女的出现，从某种意义上来说，却代表着社会的进步。

在这个日新月异的社会，所有的传统观念都将被冲击。中国要想进步，必须甩掉封建包袱。比如，在传统观念中，女性往往被物化为男性的附属，她们只有在婚姻中才能体现出自身的价值。相反，男性则被寄予了成家、立业、兼济天下的多重价值评判。但对两性婚嫁之后的社会预期却截然不同。

男人结婚之后就该成就事业；女人出嫁之后就该相夫教子，经营家庭。男人“三过家门而不入”，被传为美德；女人为事业对家庭照顾不周，则被认为是失德。

所谓的“剩女”现象大可完全不用担忧，她们往往具备三高（高收入、高学历、高智商），她们利用自身智慧去劳动和生产，为社会创造了财富。她们不必仰仗男人，也可以通过自身的努力，过上富裕、体面的生活。

在传统观念里：“男大当婚，女大当嫁”。但是在如今，婚姻不应成为衡量一个人的价值尺度。婚姻作为现代社会的个人权利之一，它既包含着个人有权利合法缔结婚姻，也包含着个人有权利合法地拒绝婚姻。

当一个社会，女性不必再通过婚姻来彰显和确立自身价值，这就是一种进步。同样，一个男性如果热衷于家庭，也不被认为是儿女情长，不合时宜，同样彰显出一种社会观念的进步。

总之，未来社会以“人”为单位，不再是以“家庭”为单位。“人”才是未来社会运作的核心。在以往，太多人被家庭所牵绊，而现在他们将解脱出来，追求自由和理想。

综上所述，中国的人口结构问题将会日益凸显，所幸的是我们遇到了一个变革的时代——人性在解放。“人”的能力将会被彻底释放。80后、90后将为未来中国人口与经济的转型付出巨大代价，这个代价在中国历史上也是空前的，但是他们面对的历史机遇也是前所未有的。

第二章

浴火重生

CHAPTER 02

第一节　互联网与新商业

互联网的伟大之处，在于它是人类迄今为止唯一可以与蒸汽机相提并论的伟大发明。欧洲英法等国最早抓住了工业革命的机会，所以成就了“西方列强”。而美国之所以强大，也是因为其在工业革命和互联网革命中捕捉到了不可多得的机遇，一跃而起。由于欧洲在互联网革命中步伐滞后，所以又开始走下坡路，逐渐衰落，而中国由于完全错过了前几次工业革命，所以必须牢牢把握互联网革命作为其重振旗鼓、重新屹立于东方的时机。

欧洲作为工业革命的发源地，其先进制造业一直引领全球制造业风潮，是真正强大的“高价值制造”级别的世界工厂。然而遗憾的是，欧洲千亿市值上市公司中，无一家IT企业。Internet无国界，美国互联网已经主宰了欧美互联网领域，欧洲航海时代的荣光似乎已经渐行渐远，而中国却在这一波互联网浪潮中树立了自己的地位。

因此，全球互联网最发达的国家当属美国和中国，只是侧重点不同，这两个国家在互联网领域开疆拓土最多，占领了未来世界的最高点，也是一场新的“疆界开拓运动”。

似乎以往的事物像一座座毫无防备的城池，一个接一个被“攻陷”，慌乱和不知所措油然而生。恍惚间，我们才发现，出门不用带现金了，存款不用去银行了，看电影不用去影院了，打车不用出租车了，买衣服不用去商场了……

互联网改变了一切。正如互联网之父罗伯特·泰勒所言，“无论你身在何处，你都在网上”。在这个新世界里，没有国别，没有种族，没有重力，没有空间，只有数据和信息。未来数据将是一切技术的根本，就像生物的DNA一样，如果我们怀疑互联网的虚拟，就是在怀疑人类的未来。

对我们每个人而言，在这个互联网时空中诞生、成长、繁衍后代，哀恸与舞动、寻找与失落，活过、爱过，最后死去，这一切的意义和价值，都因我们与互联网的连接而存在。连接意味着流动，流动包罗万象：商品、金钱、信息、声、光、电、力、能量、情感、体液……有连接就有流动；很难想象有一天没有了互联网我们的生活会怎样，无连接，则世界一片死寂。

全世界文化的多元性在急剧下降，民族的就是世界的，世界的就是人类的。中国人正变得越来越开放，越来越具有冒险精神，日本的动漫全世界年轻人在看，中国人看美剧比美国人最多晚一周，固执的美国人也开始喜欢世界杯了，而变形金刚这类的影片似乎必须有中国女演员才能同步。

世界虽然没有在国别上的统一，但在互联网的世界里，没有国界，无论你是哪个国家的网民，你都可以是互联网的一员。但年轻人们的文化，如生活习惯、着装风格、音乐品位乃至口头禅在未来的10年20年或许不用10年可能都会极大地趋同，世界被互联网统一相信不会太远。

未来带领人类走向太空的人群一定是最能代表互联网高度的社区公民，他们更加开放，更加多元包容，更加无所畏惧、无视权威、无所顾忌，更加永无止境地学习知识，同时也更加会接受失败、宽容失败，更加地远离平衡态。他们会在哪个国家已然不重要了，我们只知道这群人一定会出没在互联网虚拟文明最繁盛的地方。

1. 互联网的本质是什么

随着“互联网+”被提上中国国家战略，传统产业的互联网升级被寄望于经济转型的重要途径。那么，互联网为什么能助力中国经济转型？要谈这个问题，首先要了解互联网的本质是什么。

对于生物体来说，个体的差异化是由基因决定的，这样的差异化构成了丰富多彩的自然界。对于社会来说，各行各业都有着各自的基因，有着差异化的资源和优势，从而形成了不同的社会分工。也可以这样理解，互联网之所以创造了更加丰富的世界，就是因为互联网基因的存在。是不是听起来有一些抽象和缥缈？“互联网基因”就是开放与交互、平等、互助、共享精神，它是流淌于创新型企业的血液。

中国的互联网企业格局为三足鼎立，所谓BAT，即百度、阿里巴巴和腾讯。百度的本质是搜索引擎，帮助大家在包罗万象的信息里，提取自己想要的内容；阿里巴巴的本质是电子商务，让大家把买卖交易搬到互联网上进行；腾讯的本质是社交，把所有的人连接起来，包括你、我、他。这三家企业都有明显的定位，它们共同支撑起了未来的商业格局。

“互联网+”是如何可以做到重塑中国经济转型的呢？互联网+的本质是重构供需，即资源的优化配置。中国改革开放30多年的发展，以中国速度创造了世界奇迹，同时也产生了一系列问题：地域发展不均衡、贫富差距持续加大、资源配置不到位……此外，当今中国还面临着内需不足、外资逃离的内忧外患，经济下行压力巨大。虽然国家出台相关政策刺激内需、吸引外资，然而政策的力量毕竟是有限的，就像“鸡蛋从外打破是死亡，从内破壳而出才是生命”，中国经济转型更需要各行各业从内部进行突破性变革。

互联网的繁荣，实现了人才流动的自由、资源效率的最大化配置。凭借开创、开放、探索、极致、互动、服务等基因，在促进互联网行业不断创新、不断进步的同时，也因鲶鱼效应刺激了传统行业的升级和进步，以“1+1＞2”的效果创造“+∞”的无限可能。

2. 中国特色的互联网+

众所周知，中国互联网在过去几十年走出了一条C2C（Copy to China）的道路，几乎所有知名互联网应用都可以在美国找到它的影子，在“微创新”

这样的外衣下，没人觉得这有什么不好。最近正在发生一些微妙变化，C2C很难奏效，同时海外产品开始向中国同行取经，To China Copy（2CC，到中国复制）兴起，移动互联网时代中国的玩家们获得了逆袭的机会。

比如，凡是去过硅谷的人应该都能体会到O2O（Online to Offline）、到家服务等概念并没有中国这么火爆，“互联网+”这个中国创造的概念在美国根本没有。但这些概念说的都是一回事：“互联网+”强调互联网与传统行业的交融，O2O更强调本地生活服务，到家服务属于更细的分支。因为Uber和Airbnb而在美国流行的分享经济概念，只是匹配模式算不上一个产业，它的目的还是为O2O服务。

总之，“互联网+”是只属于中国的市场红利，尤其是在政府将之当作一项战略进行推进之后。“互联网+”在中国受到热捧，很大程度是因为传统产业的不成熟，改进空间巨大。PC不成熟让没有电脑（计算机）的人有机会通过廉价简单的智能手机上网，信用卡不成熟让手机支付更容易推行，餐饮服务营销不充足、服务不到位让它们视互联网如救世主。在美国，PC、信用卡、生活服务这些行业发展已相当成熟，反而缺乏“互联网+”发展的土壤。

这是中国移动互联网创新力增强的本质原因“互联网+”在各行各业开展，吸引海量创业者涌入，大家绞尽脑汁推陈出新融合各自的优势，进而创造各种各样的模式、产品和功能，形成中国特色的移动互联网业态。

3. 资本重心正在发生转移

C2C盛行几十年有一个关键原因是互联网中心在美国，它的驱动力资本同样在美国。中国互联网稍微大规模的融资几乎都有海外VC（Venture Capital，风险投资）参与或主导，互联网公司上市更是几乎等同于赴美上市。这带来两个影响：

资本驱动创业和创新，资本在美国，创业和创新更可能在硅谷发生，带来被Copy（复制）的可能；中国创业者要想获得美国资本青睐，无论是融资还是上市都要包装成“中国的×××”，比如，中国的Ebay、中国的Facebook、中国的Twitter，讲美国投资者能听懂的“语言”，这给Copy带来必要。

2014—2015年，资本重心正在发生变化。融资阶段，中国有更多热钱参与到科技行业投资，后来A股的火爆大家都看到了，暴风、乐视在A股红得一塌糊涂，与之同期或者更早看上去更风光的聚美优品、迅雷们在美股表现却很惨淡，这个趋势并无衰减迹象。

资本重心的转移给中国创新带来基础资源，创业者有更多机会去创新，以及承担创新失败带来的后果，同时不用再煞费苦心包装成“中国的×××”，而是要讲中国大妈和大叔能听懂的故事。

4. 年青一代站在舞台中央

一度被炒得很热的90后创业，出了几个明星创业者，他们做的事情，都是地道的中国原创，对于90后创业的宣传被一些人认为是炒作，但一个客观事实是年轻人正在崛起，作为消费者，80后、90后成为中坚用户群；作为生产者，曾经的年轻人成为大企业的骨干员工以及主流创业群体。

年青一代与李彦宏、马化腾和马云为代表的60后、70后互联网创业精英们已经相隔一代，这对文化或者说精神层面会有潜移默化的影响，新一代有完全不同的三观、消费理念和精神物质诉求，其中关键一点便是与众不同，想要不一样的东西，反感千篇一律、大同小异。

传统的60后、70后和80后总是用某种标准的方式来彰显自己的身份，而90后的前卫消费者已经不再靠这些来提高身份感，他们是互联网原住民，流淌着互联网开放、自由、分享的血液。你可以对我的生活指指点点，但不可以指点我的生活。这一代年轻人对创新有着与生俱来的追求。

年轻人需要创新，年轻人尝试创新，C2C失效，2CC成为可能。

5. 倒逼的中国创新

中国人的属性、特征和本土化诉求，并没有被海外领先的公司很好地满足。比如，傲慢的苹果在输入法问题、地图问题、通讯录问题乃至应用分发问题上，都不是太接地气，几乎都是不开放或者历经坎坷才勉强开放。贾跃亭在谈及苹果创新时，提到“对于中国苹果手机用户来说，最突出的痛点莫过于无法拦截骚扰电话和垃圾短信，苹果完全可以在产品上实现这点，但在今天庞大的用户群体中，用户的声音已经不能让苹果有所改变。很多中国公司在这方面尝试的创新产品，却被苹果强制下架”。

不只是苹果，Uber、Evernote、LinkedIn等已经进入中国的企业，本土化都不尽如人意，给易到、网易云笔记、拉钩们留下了赶超机会。或许是害怕遭遇过去的互联网巨头入华败北的魔咒，它们已经开始采用与中国土豪结盟等方式来应对本土化问题，比如，Uber选择与百度战略结盟，Evernote和LinkedIn则成立非常独立的中国公司。

美国企业的水土不服或者高傲态度，倒逼着中国企业进行创新来满足用户需求，结果便是中国企业做出了很多值得美国公司学习的地方。乐视、小米、微信、支付宝，中国式创新已经去掉了山寨的标签，不仅在国内取得了令人瞩目的商业成就，它们也纷纷走出中国进军海外。互联网时代，正是中国创新品牌全球化的最好时机。

6. 工具更容易被复制

中国并非没有原创，比如，豆瓣就是百分之百的中国原创。10年后美国依然没有一个类似产品出现，Goodreads只是面向书籍的点评，并没有做到豆瓣在文化点评上的集大成，核心原因就在于文化，或者说内容的运营。功能复制十分容易，但内容和文化层面不同的国家却有着巨大的差异，豆瓣在中国火爆，但就算翻译成不同语言版本也很难国际化成功。

移动互联网时代，工具属性越强的产品越容易国际化——这是傅盛的产品逻辑，于是他做了Clean Master（清理大师）并且大获成功。再看前文提到的几个2CC（To China Copy）的案例，都是模仿工具或者功能。而微信公众账号涉及运营，微信红包涉及文化，陌陌涉及文化就很难被复制，反过来意味着它们很难被国际化。

7. 世界平得无以复加，一切没有专利

移动互联网基于App Store和Google Play的中心式分发机制，让任何好的应用都第一时间被全世界看到。还有，这几年科技行业的全球化正在加速，我们在互联网第一时间可以经常见到Elon Musk、比尔·盖茨和其他美国科技大咖的信息，同样，中国互联网从业者、创业者也会有非常多的机会去硅谷观光交流。世界平得无以复加，C2C和2CC没有任何信息上的屏障。

硬件界的抄袭可以通过专利进行打击防范，乔布斯生前对抄袭更是零容忍，与魅族等企业还因为外观问题展开过非常认真的专利诉讼，一度导致后者产品停售。不过，互联网应用却很难对外观、功能和模式申请专利。

正是因为如此，中国互联网在过去几十年可以肆无忌惮地C2C。中国企业之间、腾讯与创业者之间更是因为此类问题经常打嘴仗。不过，最终都是不了了之，互联网应用的外观、功能等方面并无专利可言。

因此，就算有海外公司复制了中国的某个产品，也没什么办法将其阻止，而这将推动中国努力全球化，在别人抄袭自己之前走出去。中国互联网巨头在国际化上纷纷折戟，移动互联网时代却有不少成功案例，猎豹、UC、GO……这些正在被海外巨头学习的工具主动去谋求国际化的机会。

8. 后互联网时代的本质

这是一个伴随移动互联、社交网络而来的“后互联网时代”。社会生活的面貌和商业世界的规则，已经远不再是传统的互联网概念所能解释的了。

马云、雷军等人取代了传统经济的大佬，成为当红的经济人物。地产、

金融、家电等行业都在积极地拥抱“互联网思维”，网络英雄们都在忙着四处布道。

新的商业模式正在逐步成为主流，新经济正在改变甚至颠覆传统经济，用户“价值的创造方式”以及企业“价值的获取方式”正在发生改变——前者是用户需求和消费所创造的市场价值，后者则是企业创新和运营欲赢得的市场价值。这都意味着不再是一样的商业规则。

互联网带来的是彻底改变，即更快的连接、更广范围的连接、更方便的连接。互联网的实质就是“连接”——物的连接、人的连接以及商业与人的连接。

移动互联与社交网络以“人的行为为核心”的信息组织方式，赋予了用户前所未有的力量和权柄。这并不是说单个的用户是强大的，而是说用户结成的网络是强大的。分散的用户因快速、实时、紧密、无处不在的网络连接而成为一个强大的整体，使居于优势地位的企业组织成为相对弱势的一方。

这就像希区柯克的经典作品《群鸟》中所呈现的意象：单个的飞鸟是微弱而不起眼的，而无边无际的群鸟聚集一处的疯狂攻击，却可以让小镇里很多原本比“鸟”强大得多的“人”陷入灾难和恐慌。

因移动社交网络合为一体的“用户”所拥有的市场权利越来越大。这一变化对商业世界的影响，集中体现在两大特征上：一个是“去中心化”（Decentration）；另一个是“去中介化”（Disintermediation）。

9. 去中心化

网络是有结构的，其结构主要取决于端口的网络接入/连接方式。以计算机连接为基础的传统互联网，其网络结构存在很强的中心。门户网站就是传统网络最重要的中心节点。人们通过登录新浪、搜狐等门户网站，获取经过编辑归类的新闻、资讯。门户成为一段时期内响当当的互联网霸主。

而淘宝则是电子商务最重要的中心节点，它构建的虚拟商城，让商家和用户可以在一个庞大的商业中心交易、消费，企业则通过收取“租金”来盈利。从这个意义上说，马云就是最大的虚拟地产商，本质上和百货商场没多大区别。难怪他和王健林以一亿对赌，因为二人是直接的竞争对手，主业都是地产，只不过一个在线上一个在线下，一个是虚拟的一个是物理的。

智能手机的普及带来了颠覆性的改变，在移动社交网络的情境下，信息的聚合变得无处不在。网络连接的端口，从物理走向虚拟，从单一走向多元。现在，用户不再需要特定的中心来完成自己的生活任务。比如，资讯的消费不再需要登录大而全的门户网站，而是通过微博、微信朋友圈，以及微信公众号来满足资讯需要。

统治中国网络的BAT，除了腾讯已经凭借微信拿到了船票之外，百度收购91助手，阿里巴巴收购高德地图，都是传统网络模式向新兴移动模式转移的信号。

未来可穿戴配饰的出现和普及化，会使接入网络的端口更加分散。Google收购Nest，主要原因在于Nest是未来智能家居的入口。去中心化并不意味着中心的彻底消亡，只是它不再像过去那样可以一统天下。

10. 去中介化

传统互联网时代有很多兴旺的“中介”生意，因为用户很多消费任务需要专家的专业指导。但移动互联和社交网络时代，信息的获取不再依赖于专家意见，而是可以通过社会化网络的“推荐”来完成。

携程是最典型的传统网络“中介”，它为用户提供旅游出行相关的服务，主要就是基于对酒店、航空公司的强大议价能力，其优势地位是通过用户的聚合来实现的。

但随着社交网络的蓬勃发展，当酒店、航空公司可以直接与消费者沟通的时候，携程一类的公司也就失去了其强势的中介地位。比如，丽江的小酒店可以建立自己的平台来吸引客户，而不必再依赖携程之类的传统中介。

而像7天、锦江之星、汉庭这些大型酒店集团，已积累了庞大的会员库。随着用户沟通更加便捷、成本更加低廉，若能更好地运营和挖掘自身的客户价值潜力，完全可以减少对携程、艺龙等平台的依赖。

传统媒介也面临着同样的窘境。企业的广告信息原本需要通过它们传达给消费者，但现在企业大部分的营销沟通，完全可以通过近乎零成本的社交网络来实现。

值得注意的是，“去中心化”和“去中介化”这两股力量同时也在相互作用和相互影响，彼此相互推动着，带来持续的影响和变化。在社会生活和商业环境中，二者的影响很难完全分开。总的来说，“去中心化”的影响效应更大一些；“去中介化”在一些情境下也有着很强的影响力；很多时候则是二者共同作用，驱动着商业形态和社会经济的变化发展。

11. 后互联网时代的商业新规则

“去中心化”和“去中介化”这两大后互联网时代的主要特征，在用户行为和企业运营两个层面的变化中，展现出多方面的影响力。从中可以观察和判断移动互联和社会网络时代的基本商业游戏规则。这些新的规则，与传统商业思维有着很大差别。

（1）对于用户：体验比功能更重要

用户体验从来都是重要的商业元素，尤其是高端产品，如珠宝、汽车等。但今天用户体验变得前所未有的重要，已成为市场成功的核心衡量标准。不是因为功能不再重要，而是功能的需求已经基本被强大的计算机技术和互联网满足了，用户更加注重使用的友好性和情感的体验性。

因为随时随处分享体验的可能性，一款“不好用”的产品如果匆忙上马，很可能会“出师未捷身先死”。

（2）对于企业：设计比性能更重要

不是性能不再重要，而是性能必须服务于设计，包括产品、功能、交互、观感等一切的设计。如果不能赢得用户的心，产品的性能再高也是枉然。因为产品得不到用户的喜欢，没有生命活力在其中，是无法在市场中健康生长的。

惊喜创造大师乔布斯曾说过，“知道自己想要什么并不是消费者的任务”。这并不是说不需要去了解用户，而是需要真正地去洞察用户需求，不再停留在表面的调研、反馈数据之上。

洞察需求，需要对用户发自内心的关注和理解。与其费时费力地做调查，不如反问自己，是不是真的能够安静地倾听用户的反馈？是否真正用心地琢磨和体会用户的意见？是否真正低下了骄傲的头颅，认可用户在新时代市场网络中的地位？先君子后小人，以免费且足够好的产品为基础。企业应该认清自己力量衰退的事实，充分认识让渡价值的内涵，以赢得用户，促进成长。

（3）对于用户：好用比产品更重要

产品供给的丰富和产品信息的易得，使得用户愈加倾向于选择能够解决自己问题的“好用”的产品，而不再那么依靠对品牌的认知和信赖，这也是“用户权利”的集中体现。

足够好才是真的好，产品不需要完美，却需要具有能够快速黏住用户的吸引力。用户的认可，相当于打开了成功的大门，但只是成功的开始而非结果。产品并不是核心，销售也不是目的。

（4）对于企业：免费比盈利更重要

在新的商业世界中，最好的产品是营销，最好的营销也是产品。产品不再是死物，它通过用户的口碑，更通过用户手中的移动终端，变成了会说话的、活的生命。一个有生命力的产品，才是它赖以延续与价值得到提升的基础。它的形象靠的是自己的展示，而不是别人的宣传。就像孩子的成功是自己活出来的，而非父母可以完全计划安排的。

产品被消费和使用，只是企业、用户间关系的开始。用户使用产品时，其需求才开始被逐步挖掘出来，因此迭代升级非常重要，否则用户黏性就会丧失，后续的价值就会停滞。

用户当然有可能在无数次失望之后摒弃你的产品，但是只要对你的产品的最初印象还不错，一般用户不会频繁转换产品和品牌。因为通过产品升级获得更多功能，比转换产品更方便简单，也更省时省力。

从这个逻辑来说，赢得用户比直接盈利更加重要，因为用户会为你持续地创造价值。这也是“免费经济”可以实现的原因所在——在用户价值链的其他环节获得盈利，完全弥补了前期的投入。成功的免费商业模式，辅助环节其实才是真正的盈利中心。

360的过人之处在于，直接把价格昂贵的杀毒服务费用降到了零。但通过吸纳用户和增加用户黏性，在浏览器和搜索环节赚了大钱。亚马逊低价出售Kindle，以及Facebook正在酝酿的免费无线上网，遵循的也是这个商业逻辑。

> 对此，互联网先知凯文·凯利曾在十年前就给出过忠告：“试图免费的每一个动作都一定能揭示以前没有发现的各种有利之处。”

把精力集中在产品上，创造能解决用户生活、好用的产品。把生意看成一段关系的经营，而非一次交易的达成。交易是一时的，关系是久长的。如果与用户保持住友好的关系，何愁没有生意可做？正如Google创始人施密特所坚信的：

> 照顾好你的产品，产品会照顾你的利润。

（5）对于用户：兴趣比归属更重要

社交网络时代，真正将消费者聚合起来的并不是他们外在的共性和归属，而是他们的兴趣。

同一个宿舍的女大学生，可能有的喜欢旅行，有的喜欢小众音乐。对于她们来说，可能网络另一端的朋友，比同一屋檐下的同学有着更多的相似之处。而通过智能手机，每个人都可以接入移动社交网络，无论天涯海角，消费者更加相信的是“实在”的推荐，朋友的好评远胜过铺天盖地的广告。而连接的便捷性，帮助用户可以更容易地选择其他用户好评的产品。

即再动人的广告也比不上用户的“点赞”！

（6）对于企业：社群比细分更重要

传统以企业为视角的高傲的消费者细分定位，已经赶不上市场更新的速度了。唯有主动地构建和培育用户社群，才有可能赢得成功。

共同的兴趣是建立关系的基础，而社群则是关系建立起来的外在形式。在网络世界中，世俗的地位、权势不能说不再重要，但整个市场环境确实更加平等和民主，因为成为谁的粉丝是用户自由的选择。所以，电商最流行的问候方式是“亲”。会说话、有意思、低姿态的草根明星，比只会摆谱的权威大佬更加有人气。被用户当成朋友是难能可贵的，杜蕾斯被亲切地称为“小杜杜”，一再蝉联社会化网络营销的冠军。

在后互联网时代，致力于构建、整合、融入用户的生活网络，远比拥有更多的资源和资产更有意义。用户的“体验专属自己的网络关系”诉求，使企业可以在新的市场找到位置。

（7）对于用户：关联比产品更重要

大众化、无差别化的产品已经越来越难以吸引用户。并不是说大众不再喜欢流行产品，只是用户更希望通过产品来满足自己个性化的需求。

在互联互通的世界里，产品逐步成为连接的工具和端口，构建起来的是用户和解决自己问题的某种服务，是用户和用户之间的联系网络。哪怕如冰箱、电视等传统家电，构建起来的也是家庭成员之间的生活关系。产品本身已经不是那么重要，重要的是对用户关系的构建。

智能手机是最具代表性的产品，可能外表看起来都是"土豪金"，但有的手机里大都是游戏，而有的却是满屏的工作用APP。手机的意义，早已不再是单纯的通信工具，而是构建用户之间亲密关系的网络接口。

（8）对于企业：网络比组织更重要

这对企业来说是一件悲哀的事，自己辛苦生产的产品的地位不在了，沦为了配角。但这也是一个机会，因为只要还承担着用户关系构建的关键角色，企业就有可能生存和发展。

产品本身也正在成为一种网络——一个连接着整个产业生态圈的网络。提供给用户的，只是网络共同作用下的一个聚合产物。而且不必一定是网络的"中心"，网络中心之外的重要模块，同样也可以赢得极高的利润和市场。

最典型的例子是Intel和微软，在用户所使用的计算机里，Intel和微软只不过是很小的一个组成部分，人们首先看到的是联想、戴尔、华硕这些品牌，也自然会认为这是计算机上印着的品牌企业所生产的。但事实上，Intel和微软却构建了Wintel帝国，一度瓜分了整个计算机产业90%以上的利润。

格力电器总裁董明珠对小米最大的不认可之一是其不拥有自己的工厂和供应链。这其实是对产业网络力量的否定，也是对企业和产品真实角色的误读。

在网络时代，企业组织的强大已经不在于其自身拥有多少资源，而在于它在用户网络、产业生态圈网络中的位置。在市场竞争中，可以调配使用的资源，其作用并不亚于实际拥有的资源。在现代化的分工体系中，没有什么人可以完全不依赖于他人。这也是新经济给企业带来的重要机遇：即使资本结构很轻，也同样可以具有强大的市场掌控力。

用户不会在意产品的背后都有谁。构建产业生态圈，共同为用户提供可私人定制的产品，是赢得个性化市场的有效战略。组装山寨机是很多企业都可以做到的，但不是谁都能造得出来iPhone的。关键是怎样满足用户的个性化需求，怎样在用户自己的关系网络中成为一个重要的接口。

总之，在互联网+时代，社会生活和商业世界正在和可能发生着改变。互联网已经变得如同水和空气一样无处不在，而又越来越难以被真正认识。这时更应该从纷繁的细节中抽身出来，以全景视角来面对和把握真实的市场情境，从而在新商业规则指引下构建属于自己的竞争战略。

12. 互联网+——中国工业4.0弯道超车的新引擎

工业4.0，即全球第四次工业革命。它的具体内涵大家可以参考笔者另外一部作品《工业4.0大革命》。工业4.0不仅仅是一场技术变革，更是一场社会革命，引领全球的发展趋势。

那么工业4.0和互联网+有什么关系？中国的工业4.0为什么会在制造业基础非常薄弱的基础上，依然有着不可多得的优势？

每个国家的工业4.0的路径都是不一样的。中国的工业4.0最有利的工具就是“互联网+”，互联网所衍生的电子商务、社交媒体、搜索引擎等平台，为中国提供了弯道超车的可能。

工业4.0分为“生产”和“消费”两大部分。

我们先拿中国与德国的生产水平做一个对比。德国为了实现工业4.0，已经将物联网、大数据、云计算等应用于生产，努力地实现生产的智能化，而中国的生产水平还停留在模仿和山寨的阶段。

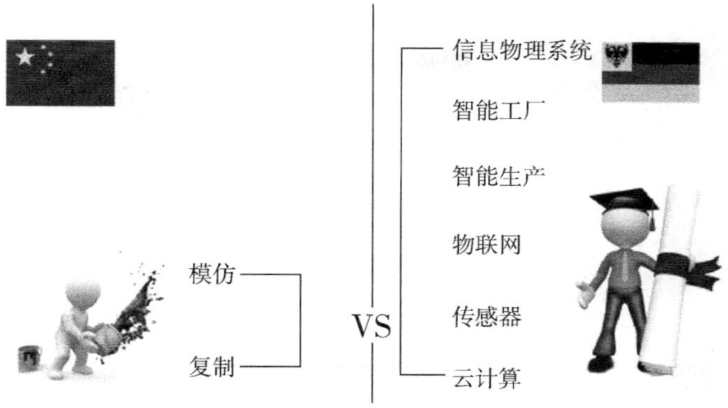

中德生产水平对比

我们再拿中国与德国的消费过程对比。中国的电子商务、O2O、移动互联网、物流体系等已经非常发达，走在了世界前列，基本上实现了线上线下联动、当天下单隔天到货，而德国乃至欧洲的互联网产业还在被美国把持。

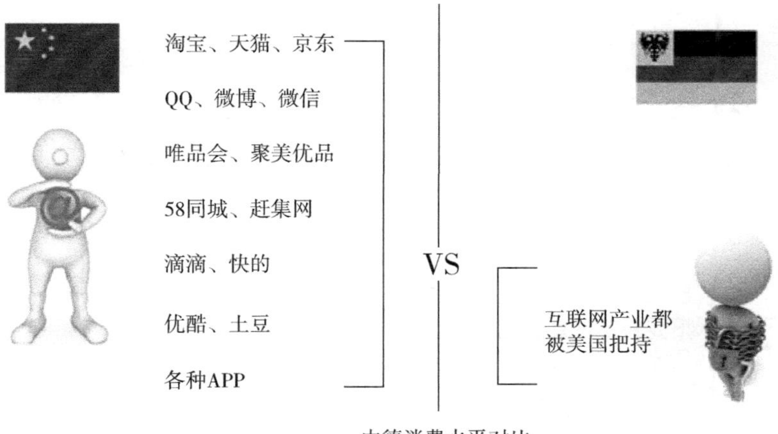

中德消费水平对比

也就是说，对于工业4.0来说，各国都有自己的优势和路径。德国的工业4.0以制造业的繁荣为基础，而中国版的工业4.0称为“中国制造2025”，以“互联网+”为工具。其他国家也是如此，比如，美国版的工业4.0称为“工业互联网”，以信息产业为基础；日本的工业4.0则是以机器人的发展水平为基础。

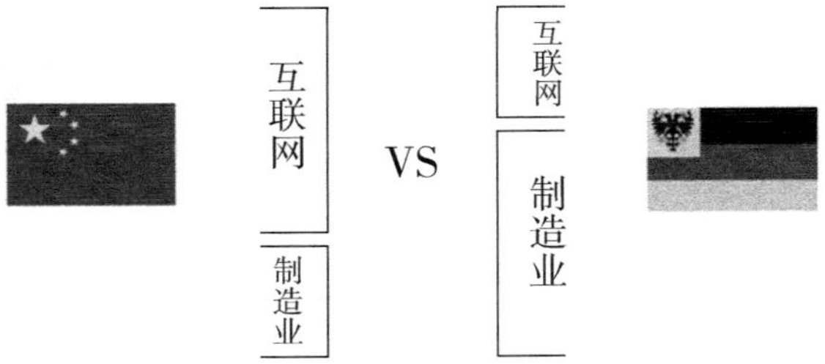

中德工业4.0成分对比

德国的传统工业是世界上最有代表性的传统产业，因为德国人性格的最大优点就是严谨，因此他们需要一步一步地务实，最终量变到质变，过渡到工业4.0阶段。

而中国的互联网产业也是世界上最有代表性的虚拟产业。当德国乃至整个欧洲的互联网一片沉寂，并被美国挟持时，中国的互联网产业却独立自主、自力更生地发展起来。因为中国人自古以来就善于对事物的变化规律进行总结和展望，因此提炼了“互联网+”的战略思路。

《周易》曰：“在天成象，在地成形。”中国就是“形而上”，谓之“道”。德国就是“形而下”，谓之“器”。 中国人很重视“象”，认为它支配着“地”上的一切“形”和“器”。

因此，我们不能认为中国制造业水平低，工业4.0就很难实现。正是中国抓住了互联网的发展浪潮，才使我们有了重塑未来世界格局的机会。

第二节　电子商务

中国搞了这么多年的电商，看上去风起云涌，让很多传统行业的人感到杂乱如麻，实际上并不复杂。

首先，电商是怎么发展而来的呢？请看中国电子商务三维进化论。

一 电子商务三维进化论

很多人只知道互联网是颠覆者，却不知道这种颠覆是有一套逻辑的，即互联网把商业结构从“线性”提升到“一维”，然后再提升到“二维”，进而提升到“三维”。

1. 实体店——线性商业

线性商业的上限是空间秩序。比如，白天要上班，晚上要回家，家也未必在市区，那么我们逛街的时间肯定有限。即使去逛商业街，街上也是各大商城掺杂着各种小店，拐来拐去，东走走西看看，购物需要跟着“空间”走，这就是空间秩序。

除此之外，门面店的坐落秩序是按照房租多少来编排的。显眼的门面店都是花钱买到的优良空间，这些房租费用都会在无形中体现在产品里，也就是说，商品的价格未必与商品价值成正比。这就是线性商业空间的两个局限性，即购物和价格都受空间所限制。

2. 传统电商——一维商业

哪里有矛盾哪里就有机会，传统电子商务正是顺应了“线性商业”的核心诉求而发展起来的，它在单向直线的基础上增加了“空间”这个垂直轴。

在以淘宝为代表的传统电子商务时代，无论是坐在公司还是家里，只要打开计算机，就可以一边“逛街”一边购物。网购打破了地域的限制，颠覆了传统的购物习惯，也大大刺激了消费者的购物欲望，逛商场演变成了逛淘宝。正是因为符合大势所趋，因此才有了“双十一”网购节以及相应的商业奇迹。

这也是导致实体店遭遇寒流的根本原因。往日车水马龙繁华的商业街如今变得门庭冷落人迹罕至。以前人们常常说：一铺养三代。现在人们却认为商铺成了最危险的资本。

但是，虽然传统电商是一种进步的变革，但它不够彻底。虽然它把店铺搬到了计算机网络上，可以随时随地打开，但同时这也使人们的视野集中到了一张显示屏上。以至于商家开始争抢流量，商业竞争关系由“门面”竞争变更为“流量”竞争，淘宝这样的平台开始坐收渔翁之利，而商家越来越多，竞争越来越激烈，于是就出现了为了降低成本而导致的假货满天飞；为了提高流量而亏本促销；为了提升排名而刷单等各种非正当竞争……

所以，阿里巴巴和工商局关于假货的论战，以及美国起诉阿里巴巴，这些都是有内在因素的。有人说此时的阿里巴巴已经只剩下半条命，这其实也是在孕育新时代的到来。

3. 移动电商——二维商业

计算机解决了购物“空间”问题，而在此基础上，手机又开始解决购物“时间”问题。移动互联网的发展，使电子商务在“空间”这个平面的基础上又增加了一个时间的轴，成为一个立体商业结构。

最新调查显示，现在人们平均每8分钟看一次手机，手机几乎成了生活的全部。因为有了手机，想买东西时，不需要再去用计算机了，随时随地都可以去购物，包括吃饭、走路、休息、坐车，等等，所有时间碎片化。

于是现在兴起了很多移动商城，比如，拍拍微店、有赞商城、伙伴商城，等等，不知不觉中，我们又跨越了一个维度。

4. 社交电商——三维商业

移动互联网带来的最大变革还不是移动电商，而是社交电商。社交电商就是在移动电商立体结构的基础上，又增加了一个“社交”的维度。这个维度的增加极大地丰富了电子商务的结构，使电子商务从量变步入质变过程。

为什么这样说呢？

如果社交场所变成了购物场景，比如，微信朋友圈、QQ空间、微博等都被充分利用起来作为购物渠道，那么电商的未来是无法想象的。它相当于帮助产品品牌建立了强大的分销和直销渠道，蕴涵无限张力，而且毫无违和感。

最重要的是一旦步入社交电商阶段，那么真正以人为中心的阶段将正式到来，届时每个人都是电子商务的一个节点，成为一个分销节点。

当然，中国电子商务目前还只发展到从一维到二维的阶段，我们的讨论也仅限于该阶段的特点。

二　中美电商大PK

青出于蓝而胜于蓝，中国电商起源于美国，但又壮大于中国本土。比如，人们时常把针对个人消费者的网购区分为C2C（Customer to Customer，消费者与消费者）和B2C（Business to Customer，企业与消费者）。这个概念源于美国，前者的代表企业是eBay，后者的代表是Amazon，国内也一直沿用这个说法，C2C的代表是淘宝，B2C的代表是京东。

难能可贵的是，中国的电子商务已经能超越美国，成为世界上电子商务发展最快的国家。这背后深层次的原因是什么呢？因为美国商业环境是地贱人贵，而中国正好相反，是地贵人贱。这就首先导致中国的房价比美国高得多。然后，正是因为中国的地贵，导致线下实体店置业或租金成本高，成本传导到商品价格上，于是商品的定倍率（零售价：出厂价）通常也很高。而网上商品无须支付昂贵的租金，加上快递服务便宜，使得线下商业的劣势更加明显。

所以，“地贵”是推动中国电子商务发展的一大功臣，但是很少有人看到了这一点。当然，中国“地贵”的原因不止是人口多且集中流动，政府的土地财政也是很大原因，这里不再赘述。

但是，中国的电商，其实还是在享受人口红利，只是从中国制造转到了快速发展的物流，中国以前的廉价劳动力在工厂，现在的廉价劳动力在物流上。这就是为什么马云做菜鸟的原因，也是刘强东大量投资物流的原因。而物流的成本优势，是电商的生死穴。

在中国，有大量廉价劳动力，可以做到江浙沪6块钱包邮、隔天到货。但美国人工服务是很贵的，所以物流效率没这么高。在美国上网买东西，两三天后送到是很正常的，在中国就会觉得怎么这么慢，我们晚上十点下单，第二天早上十点就到，因为物流人员的准入门槛低，劳动力成本低廉。谁能雇来如此多的廉价劳动力？因此物流成本就成了影响电子商务发展的关键因素。

在美国，商店能做出自己的特色，卖一些不一样的商品，创新带来的差异化使得消费者无从比价。创新最能带来高附加值。而中国百货业销售的东西同质化程度较高，使消费者容易比价，商品价格就会被压低；同时中国百货业运营效率低下，成本较高。

之外，中国人口众多，在天猫网上商城，一家店就能覆盖全中国，辐射范围无限扩大了，无限多的客户使网络运营的固定成本平摊在每个客户身上，变得极低。电子商务的边际成本又几乎为零，这就使得中国电商在网上卖东西的成本优势比美国更明显——美国人口没那么多，销量没那么大，固定成本分摊后比中国高。

以上这些原因导致中国电子商务飞速发展。

另外，不同的环境和条件导致了中美电商发展路线的迥异。就拿O2O来说，美国百货业O2O主流方向是Online to Offline，即线上到线下，而中国百货业O2O偏重Offline to Online，即线下到线上。

美国人很自然地认为，O2O是线上下单，然后到线下（如沃尔玛）自提；中国由于网上商品明显比百货商店便宜，O2O是线下体验，然后扫描二维码到线上下单。中国传统所谓的“互联网化”，在美国被称为“Digital”，即数字化。在中国，几乎只有外企会用这个提法，另外就是市场部门，叫作数字营销（Digital Marketing）。不仅是两个名词的不同，含义也不一样。

在美国，传统商业与互联网的差距是很小的。美国的十大电商里有七个是传统企业发展起来的，如沃尔玛、史泰博都进入了十强。而基于以上四个原因，中国的线下与线上差距悬殊，互联网优势明显，因此中国的主要电商都是纯粹的互联网企业。

中国的互联网化，指的是商业模式的转型，更多的是企业经营战略层面；美国称为Digital，是因为它把线下的商业模式用数字的方式营销出去，互联网只是营销工具，更多的是企业营销战术层面。人们还是会到线下来，比如，美国亚马逊网站最近也在线下开店。所以在美国，线下的传统企业未必会遇到中国一样的巨大压力。

因此，互联网对于中国来说是战略，对于美国来说只是工具。

中国电子商务发展趋势主要有以下两点：

第一，很多人发现在网上开店成本低，纷纷把自己的店从线下搬到线上。这会导致商业地产租金降低、售价下降，目前中国商业地产的供应激增也在加剧这一趋势。最终商业地产的售价和租金会回归到正常水平。这将缩小线上线下的差距。

第二，随着中国劳动力供给的减少、物价的上涨，以及90后、00后吃苦耐劳精神的退化，中国劳动力的价格一定会越来越贵，所以物流成本会上升，这将导致电商优势不再明显。

最终，线上的物流成本与线下的租金成本会达到平衡。

同时，目前中国电商的流量成本已经很高了，淘宝这样的大平台有垄断权力去收取比较高的流量价格，而随着移动电商的兴起，平台正在越来越割裂和碎片化。大平台的流量垄断优势将不在，移动电商的本质是去中心化，搭建以人为中心的社交电商平台，即分销、直销型平台。商家可以分散到这些平台，流量价格会有一定下降，但这部分成本毕竟存在。

电子商务的本质在于：最快、最好地使"产品"和"消费者"发生联系。移动电商、O2O将会为这个新的商业大平衡注入活力，从而帮助中国组建新的商业体系。但是无论如何，中国的线下商业还处于"被转变"的进程中，过高的利润被消除，过低的效率被提高，过高的租金被降低，而同时过低的物流价格被抬升。这些大的变革完成后，线上线下商业的格局会稳定下来，中国这一轮互联网化的格局大致会确定下来。

三 电商模式

中国电商的五大模式分别为产业链模式、平台模式、O2O 模式、特卖模式、社交模式。 京东是产业链模式的典范，而阿里巴巴（淘宝）是开放平台模式的代表，唯品会则是特卖模式的代表。下面我们就通俗地对比一下阿里巴巴与京东这两大霸主的区别。

1. 阿里巴巴是大平台，京东是大商家

这得先从刘强东的"十节甘蔗"理论说起，他认为一个产品从创意、设计、研发、制造到定价五个环节应该由品牌商来做。然后接下来的营销、交易、仓储、配送到售后这五个环节应该由零售商来做。

京东定位就是这后五个环节，即以交易为基础，延伸至仓储、配送、售后、营销等其他环节。所以这些厂家与京东合作，只需专注产品的生产阶段，流通环节交给京东来做，比较符合专业分工的理念。可以说，京东是零售服务商，是为品牌商打工的，这就是京东的自营电商。

阿里巴巴是平台电商，定位为上述十个环节仍然需要由卖家自己来做。作为平台仅提供展示机会和流量来源，需要尽可能地招揽各种卖家，然后给卖家一个站点，由卖家自己更新和维护，并向他们收取保证金、服务费、提

成等费用，而卖家自然会以市场需求为导向，最终形成一个品类繁荣的大集市。因此淘宝的品类相当丰富，五花八门、应有尽有、有求必应，这就是“万能的淘宝”的由来。

严格意义上说，这是基于互联网的商业房地产产业。通过把平台（房地产）做熟做热（形成商圈），吸引交易双方众多流量到此交易。这种模式在线下行之有年，农贸市场、批发市场、电脑城、服装市场，其实都是靠客流收费的平台模式。

与其把淘宝平台看成一家电商公司，不如把它看成依靠网络经营的商业房地产公司更为准确。如果是通过流量变现，不管以什么样的形式实现，本质上还是一家卖流量、以广告收入驱动的商务企业。这也是为什么阿里巴巴和百度一直相互排斥的根本所在。当然商业房地产借助互联网，推广效应和聚众能力都有大幅度的提升，这是它一览众山小的底蕴。

我们知道过去的20年是中国经济持续处于高增长年代，在快速发展时期，房地产的增值效益较为明显。北京10年间商业房地产价格上升6 ~ 8倍，做什么买卖都没有投资房地产挣钱。毫无疑问，平台模式是一个很适合国情的商业形态，尤其在超快速发展阶段，电商又有那么多风投资金进入，都在拼流量，平台模式一骑绝尘也就不奇怪了。

平台模式发展很快，主要依靠的是市场红利、人口红利。增速一旦放缓，这个模式一定首当其冲受到冲击，而且平台模式虽然商品可以做得很丰富很齐全，但简单重复、分散经营，效率提升的空间有限。这也是为什么在发达国家，平台模式不是零售的主流业态，不论线上线下。平台模式是一种很初级的商业形态，靠的是汇集人群，本身无法追求商品买卖的规模效益，也很难提供稳定的用户购物体验。当几万商家同时服务一群用户时，仅仅就客服质量而言，再怎么规范，也一定是千人千样，难以划一。

但是它的流量变现能力强，规模拓展速度快，盈利路径清晰。这也是包括京东、当当这些原来典型的买卖式电商在自营难以获利的压力下，都纷纷加入平台阵营的原因所在。说白了，就是把自己已有的顾客（流量）做二次销售。

2. 阿里巴巴是横向发展，京东是纵向延伸

因此，阿里巴巴的定位是帮卖家赚钱；京东的定位是给自己赚钱。令人啼笑皆非的是，阿里巴巴根本没有帮卖家赚到钱，而京东也从来没有给自己赚到过钱。

这是为什么呢？

对于阿里巴巴的“淘宝”或者“天猫”来说，卖家得到的仅仅是流量，为了争抢流量往往还需要付出更多的额外成本：不仅要被价格战拉下水，还要不停地购买广告位（价格水涨船高），竞争成本暴增，生存状况普遍艰难。这也是越来越多卖家放弃淘宝的原因，于是这也被概括为传统电商的瓶颈来临。

所以，阿里巴巴虽然没有帮商家赚到钱，但是却让很多消费者受益了，因为中国的消费者确实可以买到更加廉价的产品，当然这也是一把双刃剑，因为很多假货充斥进来了。卖家的入驻性决定了管理的难度：口子放开了，假货自然进来了；口子收紧了，产品就不繁盛了，这种两难局面是由阿里巴巴的开放式平台定位决定的。

而在京东，60%的产品都是都由京东经手的，京东就好比是一个互联网零售企业，批发产品在网上卖，赚取的是产品差价。在京东下单，付款到京东，打包和发货也是京东，售后也找京东。所以京东要有庞大的采购团队、销售团队、客服团队、物流团队。

在商品交易过程中，阿里巴巴模式是N to N，即N个卖家对应N个买家；京东模式是1 to N，即一个卖家（公司统一采购）对N个买家。只要经营得

当，买卖模式更具有规模效应的潜力。用一个简单的比方，A和B公司都销售10000条牛仔裤，A公司100家卖家同时卖，B公司统一采购进货，如果库存把控得当，B公司的整体成本一定低于A公司，这也是现代零售追求规模化运作的内因。有人说实际情况是A公司有竞争，所以效果更好，竞争固然必要，即便在买卖进货模式下，市场同样有竞争的压力驱动。其实问题在于B公司如果进货不得当，公司成本自己要承担，而A公司即使有大量卖家出现库存积压商品滞销，这个费用A公司不用操心，看看淘宝有多少辛苦忙碌后赔本陪时间的小卖家就可以知道，这部分成本已经被社会化了。

可惜电商行业的情况并不如此，主要的原因在于片面强调低价销售，却无法实现低成本运营，费用一直装不进毛利的筐里。这是一个以经营论成败的细活，低价销售很简单，在互联网时代30秒的工夫就能做到，但低成本则是每个环节的优化，是一种近似宗教的信仰。

京东这种集中采购、广泛派送的模式必然对仓储有很大需求，必须要做自己的物流体系。因此京东早就在江苏宿迁（刘强东老家）建立总面积达6000 多平方米的全国呼叫中心，执行统一标准的客户体系；完善自有物流和配送体系，目前已覆盖1300个行政区县，推出“限时达”、“极速达”、“夜间配”等配送服务，京东员工达7万多名，绝大多数是在仓储和配送岗位上工作。快递员未来还能当推销员使用，成为O2O的线下流量入口。

京东自建物流，就可以不受其他物流公司的影响，成为少有的能在假期中保证送货的电商。它整合了传统生产型企业和互联网营销端的产业链，从而更容易控制整个流程，虽然保证了产品质量，赢得了用户口碑和较高的忠诚度，但是京东庞大的物流体系也有弊端，这种发展模式能扩张到什么程度呢？

- 不扩张，成本太高；扩张了，人员规模太大，风险太高。
- 重资产运转，资金被沉淀在固定资产上，资金无法高效周转。

按照刘强东的计划，京东希望未来能拥有60万名员工，这样的扩张节奏，隐藏的风险十分巨大。管理一个拥有60万名员工的企业，保持零售和物流两个方面的效率第一，绝非想象中那么简单。

做个对比：2013年，淘宝+天猫完成订单113亿张。假设京东物流团队人均完成订单能力不变，需要144万人的物流团队来配送这些订单。马云也这样质疑京东：中国10年之后每天将有3亿个包裹，届时京东还能应付过来吗？

京东需要花更多的成本去维护订单量、产品供给、物流仓储等，这是京东的软肋。所以，京东投入太大，赚的是口碑，没有利润。

3. 阿里巴巴是互联网+，京东是+互联网

阿里巴巴更像一个互联网企业，是互联网+；依靠无限扩大商品的种类，让消费者始终有更多的选择，并且抓住了中国经济增长红利，即外贸转型、零售业变革、草根创业热潮，甚至山寨横行、信用缺失等，不断扩张，成为土豪一点都不奇怪。

而京东则更像一个传统零售企业，是+互联网。作为一家传统企业，钱需要一分一分赚，效率就是生命，京东注定苦逼。所以需要它不断引入资本，最终实现上市。然后再通过圈钱继续投入和扩建，竭力保障产业链完整、物流体系顺畅、产品质量和服务过硬，从而扩大消费者数量。

互联网究竟是你的表面还是你的灵魂，决定了你的毛利率。近几年来阿里巴巴毛利率一直维持在70%左右，最高时甚至达约78%。而京东毛利率直到去年才提升到约9.9%……

阿里巴巴是在数百万商家挣扎生存的前提下站起来的，京东则借助资本的鲜血和物流的足迹向前行。

4. 阿里巴巴开放，京东封闭

阿里巴巴思路属于开放模式，比如，与其他公司一起合作组建菜鸟物

流，仓库都是共享的，物流公司、淘宝卖家、各个企业都可以来使用这个仓储服务。这就会形成一个物流交易的数据，通过分析就知道在什么时间、什么区域、需要什么商品。

于是各类卖家可以将物品提前放入各地的区域中心库，而同时运输成本当然也小过一单一单地寄送给各地的买家，还可以使网购实现24小时到达，这个举措就堪比搭建了一个物流生态，共享资源，大大推动了中国电子商务的发展。

京东建立起的庞大物流系统是以货仓为核心，覆盖到二线城市。这也是其快速送达的根本保障。但京东的物流是独立的物流，相比较而言，京东模式较为封闭。

5. 京东有物流，阿里巴巴有支付

要是论独立资源，阿里巴巴的支付宝有超过3亿实名用户，其中活跃用户接近2亿，京东的网银在线虽然未公布相关数字，但相比二者的差距不小。虽然在京东和腾讯合作以后，用户可以使用微信支付付款，但微信支付毕竟是腾讯的产品，除了要交费之外，过度依赖微信支付也会影响京东金融延伸业务的发展。

6. 京东、阿里巴巴相互模仿

京东虽然以自营为主，但其开放平台（POP）业务也在高速增长，从3C（Computer，Communication and Consumer Electeonics，计算机、通信与消费类电子产品）产品为主到全品类计划，从全部自营到开放第三方平台。自2013 年下半年起，京东开始向第三方平台提供仓储服务。在仓储物流部署基本完成后，京东将把60%的资源开放给合作伙伴。但是，刷单、假货、服务差等问题，在淘宝上有，在京东的开放平台上也就会有。

京东是以3C行业起家的，阿里巴巴也开始不断入侵其他垂直行业，并且

做纵深化，比如，文化娱乐业、金融业、交通、教育等，并通过股权收购，将新浪微博、高德、华数传媒、文化中国、优酷土豆、UC（优视）招至麾下，搭建起了文化娱乐板块；还在移动平台、垂直O2O、云计算服务、视音频服务等领域布下了互联网生态局。此外，阿里巴巴还通过投资TutorGroup平台进军教育行业，通过收购穷游网布局旅游业，通过收购海尔和银泰部分股权夯实其物流和实体店领域。

综上所述，无论两大巨头模式的优缺点如何，中国电子商务已经成为中国经济增长的一大引擎，为中国经济这10年的高速增长贡献了不少力量，其势头正在引领和影响全球。“互联网+”也成为中国重要的战略规划，可以说，电子商务将是中国未来治理全球贸易的一项重要工具，中国未来的定位应该是全球产品的分销中心。

第三节　自由贸易

一　开放市场

贸易的本质是交换，有了交换才有分工和协作，所以贸易是经济的基础，贸易越频繁，经济就会越繁荣。对于一个国家来说，该国在国际贸易中所处的地位往往决定了这个国家在全球的经济地位。历史上，全球贸易的前10名一直是世界经济的引擎。特别是发展中国家向发达国家迈进的时候，贸易都排在全球前列。

中国古代的丝绸之路和15、16世纪的欧洲航海都是为了推动本国同世界的贸易往来。所以，衡量一个国家的经济实力，不仅要看该国的GDP总量，还要看它的对外贸易量。清乾隆时期的中国经济总量占到全球的三分之一，而且还是全世界最有秩序的国家，但是清王朝是一个封闭的国度，它竭尽所能地自我完善，完全不理会外界变化和世界需求。清政府完全意识不到一个严峻的事实，即此时世界正在一体化，正在变成一个开放的平台。

1840年，英国派遣舰队和4000人的远征军，从广州一直打到天津大沽口，拥有100万军队的清王朝政府被迫乞和并于1842年签订了《南京条约》，开放了广州、厦门、福州、宁波、上海等五处为通商口岸（史称“五口通商”）。要么主动开放，要么被迫开放，这就是大势所趋。

17世纪的荷兰，一度成为了世界上最强大的国家，就是因为荷兰掌握了最先进的文明——自由贸易。我们先来看荷兰贸易的对外方面，当时英国商船上都要有可以架设火炮的平台，而且水手都带着武器，所以这种船需要更加坚硬的木头，而当时荷兰更注重贸易，他们的商船几乎没有装备武器，这种船造价就很便宜，当时荷兰拥有超过1.5万艘这样的商船，超过欧洲其他国家的总和。这些商船贩运着世界各地的商品，包括中国的瓷器、丝绸和香料；美洲的皮货；欧洲的手工业品。当时荷兰的安特卫普港内可同时停泊2000余艘船只，因此荷兰被称为“海上马车夫”，是世界海上贸易的霸主。

在对内方面，当时欧洲正处于既黑暗又漫长的中世纪时期，宗教迫害非常严重，一个人会因为另一个人相信的上帝与他相信的上帝长得不一样，就一定要把对方置于死地。此时荷兰爆发了尼德兰资产阶级革命，这是世界历史上第一次胜利的资产阶级革命，摧毁封建势力后荷兰人的思想获得了解放，只要交税，我都欢迎，只凭这么一条策略，阿姆斯特丹就成为当时欧洲最繁华的市场。

早在17世纪中叶，荷兰就已经几乎拥有了现代金融市场上的一切工具，包括买空、卖空、杠杆、期权，等等。荷兰人后来移民去美国，他们给所在的城市起名叫新阿姆斯特丹，也就是纽约的前身。正是因为这么一群热爱贸易的人跑到了纽约，才有了华尔街的兴起。所以，尽管荷兰的面积非常狭小，只有4万平方千米，大约两个半北京大，而且国土面积的70%处在海平面之下，往往一次潮汐袭来，就化为沼泽，但是这并不妨碍它成为当时世界上的霸主。

之后，随着英国工业革命的出现，一方面资本主义国家生产的大量商品急于销往各国，另一方面它们也需要从各地掠夺生产原料。所以从17世纪到19世纪，资本主义国家的对外贸易额不断上升，这就形成了世界经济体系和开放大市场。

那么美国为什么迅速发展了呢？ 1787年美国13个州在一起搞了个约定，即州和州之间不允许有贸易壁垒。这在今天已经不算什么，但大家可能不知道，1787年的法国，从里昂到马赛不到1000千米，运一车货物过去要交50次以上的税负。所以美国一旦独立，就以最快的速度超越了欧洲，为什么？这是因为自由贸易经济体制促进了物资、人才和资金的迅捷交换。第二次世界大战后，国际贸易进一步扩大和发展，美国成为国际贸易中的头号大国，霸主地位从此确立。

二　WTO和TPP

综上所述，我们现在应该知道自由贸易的重要性了，国际贸易的游戏规则的制定者往往也是世界经济的主导者。下面我们再来了解一下WTO和TPP。

之前我们谈论最多的是WTO（World Trade Organization），即世界贸易组织，有“经济联合国”之称。2001年中国经过多轮谈判终于加入WTO，中国加入该组织之后产品终于可以行销全球。众所周知，中国已经在WTO和APEC等传统国际经济体系中努力多年，双边、多边贸易协定兴起，中国也已与10多个经济体达成自由贸易协定。并且顺利推动的“一带一路”及亚投行战略，更是吸引了包括英、法、德、意等国传统盟友的加入，中国正在不断强化在世界经济体系中的主导作用。

可是当中国加入WTO带给中国的好处正在显现的时候，一个即将替代它或者比它更严格的新规则就要问世了，这就是忽然走进大众视野的TPP（Trans-Pacific Partnership Agreement），即跨太平洋伙伴关系协定，有“经济北约”之称。

既然是跨太平洋伙伴关系协定，中国是太平洋国家，按理说应该可以加入。但是TPP许多门槛和条件就是针对中国量身打造的，把中国拒之门外。

为什么会这样呢？

WTO追求的是降低关税，TPP追求的是自由贸易。TPP的定位是一个高度自由、开放的平台，其程度远大于WTO。自由贸易包括什么呢？包括零关税，包括货物、服务全部自由流动，所有经济监管制度都必须统一标准。比如，TPP要求允许个人投资者可以在国际场合起诉主权国政府；TPP成员国在监管方面要执行一致的标准，这个标准基本上就是美国标准。

再如，细分领域的规则包括贸易和服务自由（禁止各种门槛）、货币自由兑换（禁止操纵）、税制公平（禁止补贴）、国企私有化、保护劳工权益、保护知识产权（保护原创、反对山寨）、保护环境资源（不准污染地球生态）、信息自由（包括新闻自由、互联网自由等）……

以上规则几乎全是针对中国而来。比如，货币自由兑换。中国的人民币国际化刚起步，如果现在中国放开货币自由兑换，必然会导致中国经济大幅度动荡，资本大量的外流，以此将中国排斥在外。

劳工权益挑战不小。美国、日本等国提出的劳工贸易规则，注重劳工在商品生产中的工资待遇和环境条件，强调劳工的价值关注和企业对环境、消费者的人文关怀。虽然这些年中国工人工资在上涨，劳动力成本增加，但目前依然难以改变劳工价格相对低廉，工作环境和作息时间得不到保障，劳动者权益保护距离美、日还有相当长的距离的事实，以及中国劳工组织在劳工者保护中的缺位问题。

除此之外，还有环境保护、知识产权、新闻自由、互联网自由，每样都是高标准，中国加入TPP协定的其他障碍也不小。中国作为处于特定阶段的社会主义国家，TPP几乎就是为将中国排除在外而量身定做的一套贸易体系。用TPP一位官员的话说，“TPP是一个只禁止中国入内的俱乐部”。

如果按照这种情况发展，中国的商品价格已经不可能和TPP体系内的商品竞争了，也就是说美国等进口大国，就不会从中国进口商品了。

美国总统奥巴马发表评论称“我们不能让像中国这样的国家书写全球经济的规则”。这揭示着美国正在竭力利用TPP平台稳固其全球的经济秩序主导者的位置。而实际上，在现行WTO的格局下，美国对于中国的优势已经越来越弱化，出现了巨大的贸易逆差。TPP的根本目的，在于美、日想在世界贸易上，把本国的优势做得更大，使得美、日经济对中国继续保持优势，是美国全球战略的东移。美国的优势，现在就两点，一个是金融，一个是高科技。美国在金融资本领域等方面的产出，占了美国GDP的近8成。美国高科技，还在引领着全世界。TPP的目的，就是要重新改写贸易规则，确保资本优势和知识产权优势在全球财富再分配中的权重。其实就是使美国在金融领域能够更好地剪到全球的羊毛，在高科技领域能够换来更多的农工产品。

TPP能把中国逼回闭关锁国的状态吗？这是不可能的。因为中国早就做好了准备，一方面早就利用“亚投行”和“一路一带”战略主动出击；另一方面，我们必须非常清醒地意识到，自由、开放是大势所趋。我们必须坚持对外开放、深化改革。在当前的局势下，只要打破垄断，鼓励大众创业、万众创新，我们就一定会闯过这一关，而且将越走越好。

三　新贸易时代

世界进步总是伴随新旧势力的斗争，这既包括新兴团体同既得利益者的抗衡，也包括新兴技术对传统技术的冲击。以互联网、电子商务为代表的新技术，恰恰给了中国另外一个机会。

第一次工业革命，英国发明了蒸汽机，实现了大规模的工业生产，取代荷兰、西班牙，成为了世界霸主；第二次工业革命，德国、美国发明了发电机，实现了电气化生产，取代了英国和法国，成了新兴的经济强国；第三次工业革命，计算机、原子能、航空航天技术让美国和苏联立于时代潮头；如今世界正在进行第四次工业革命，互联网的发展完全可以改写传统经济格局，并且涌现新的颠覆力量。

马云认为："WTO的成就，我们有目共睹，但WTO运行模式应该升级，游戏规则应该由商业企业组织达成，不应该是政府间的协议。政府的作用是去捍卫和保持这样的竞争力和透明度。"

真正的自由市场是"小政府、大市场"。所以当我们关注各国政府在国际贸易中行为的时候，说明这还不是真正的自由市场。因为政府是市场秩序的维护者，而不是游戏规则的制定者。

放眼望去，所有行业的规则都正在被互联网改写。所以互联网是最有资格重塑经济格局的行业。同时互联网赋予了全世界新兴企业和年轻人权利和机会，在这个由互联网打造的去中心化和碎片化的时代，商业组织应该比权力中心更能敏锐地捕捉到新的趋势和机会。

互联网时代的大数据、云计算等计算机技术将提供物理支撑，同时物联网将支撑起一套全新的贸易设施，包括商品的展示、购买、支付、客服、物流、售后、跟踪的一系列流程，都将转移到线上进行，电子商务正在书写全球贸易的自由和平等的新规则。

摩根士丹利最近发布报告称，中国拥有全球最大的电子商务市场，到2018年电子商务销售额将达到1万亿美元，占全球的50%。早在2013年，在全球8900亿美元的电子商务销售额中，中国独占了35%。中国电子商务的规模相当于GDP的3.3%，为全球最高比例。而且中国电子商务增长趋势不减，不仅正在向农村拓展，也在引领世界。

在国际电子商务方面，中国跨境电商也在蓬勃发展。根据中国商务部预测，中国的跨境电子商务交易2016年将达到6.5万亿人民币，占国家外贸总量的20%。跨境电子商务不仅冲破了国家间的障碍，使国际贸易走向无国界贸易，同时它也正在引起世界经济贸易的巨大变革。

对于中国来说，跨境电子商务构建的开放、多维、立体的多边经贸合作模式，极大地拓宽了进入国际市场的路径。对于消费者来说，他们可以非常容易地获取其他国家的信息并买到物美价廉的商品，这必然会对以TPP为代表的传统国际贸易格局产生巨大冲击，蕴涵了巨大的想象空间。

因此，从自由贸易到WTO、TPP，再到跨境电商，人类商务贸易已经从“空间流”切换成“信息流”，未来全球贸易离不开互联网制定的新规则。而中国2020年也将成为全世界最大的贸易出口国，只要成为这一轮互联网变革的引导者，就一定能获得未来国际贸易的主导权，这就是中国最大的机会。

第四节　金融改革

中国虽然已经成为全球第二大经济体，但是中国的金融体系还很古老。

2015年10月，中国人民银行宣布，对商业银行和农村合作金融机构等不再设置存款利率浮动上限。“利差保护时代”将成为历史，过去银行是“被关在笼子里喂食”，利率市场化等于取消喂食。中小银行依靠传统存贷差作为高盈利的模式将难以为继。

美国早在1986年4月利率就已彻底市场化，中国延迟了将近30年。不过，也不算晚，只要在路上走着，都会到达目的地。这在中国金融史上都是具有里程碑意义的。“躺着赚钱”的时代一去不复返。新一轮银行兼并重组序幕或将拉开，金融改革已在进行中。

一　中国的银行是怎么运作的

银行的存在价值就是它一边吸纳社会的“闲散”资金，一边将这些资金导入到需要资金的地方。因此银行是社会的重要润滑剂，维持着社会的资金流通，利用吸纳的公众存款，帮助需要资金的企业进行发展，通过配置社会的资金资源从而提高社会的生产效率。

那么，银行是怎么赚钱的？对于向银行存款的人，银行向他们支付利息；对于向它贷款的企业，银行向它们收取利息，这一进一出就会产生差价，银行赚的就是这个差价。

那么，问题来了：银行为了将风险降到最低，只会把钱放贷它认为“能还得起钱”的人。如果你是一家它们认为“很穷”的企业，想从银行贷款谋发展，那可是难比登天。那么银行怎么评判你是不是很穷呢？那就看你的“固定资产”了。所以，你看中国遍地的企业、厂房、土地，等等，其实早就是银行的。也就是说，中国的企业还未出生，早就把身家性命抵押给了银行。

2008年，政府为了拉动GDP，投资了4万亿元，这时银行拼命找那些“有钱”的企业，希望获得向它们放贷的机会。于是，中国很多企业就被活生生地打了一针兴奋剂，而且兴奋过头了，因为这些钱都是自动送上门来的，所以一个比一个手笔大，结果这些钱都去哪里了呢？都去了利润最大的房地产行业了。

一时间，中国高楼大厦遍地起，中国各地兴起的“鬼城”以及居高不下的商品房库存，也有银行的一份功劳。既然银行把那么多“热钱”抛向了房地产，那么中国实体产业的造血功能必然受到很大影响，因此中国实体产业的衰落是必然的。如果你身边有从事传统产业的朋友，你肯定会理解他们现在遭遇了多么大的困难。他们在反省之后也想寻求新的发展，但是资金都被房产套牢了。没有资金，谈何重生？这个时候怎么办？还得去找银行。而这时银行由于企业“资不抵债”，也很难再贷款给企业。企业生存之路步履维艰。

眼下，中国正在兴起“创业”热潮，“大众创业”成了中国经济增长的重要途径。它的本质是发动大家都去生产和创造，但是对于这千千万万个初创企业来说，要发展就需要有资金扶持，但是小微企业想从银行里借点钱简直是天方夜谭。因为银行只会看你的固定资产，只有固定资产做抵押，才能获得信贷。但是这些小微企业往往都是从零开始，哪里来的固定资产？

这就是由中国的商业银行主导的金融体系，这种关系在本质上其实是抵押文化。整个人类经济活动包括三大环节：生产、消费和交换，而“金融关系”是交换里最重要的关系，它决定着交换效率和发展效率。如果交换过程只能通过实物抵押，效率实在是太低了。但是在中国的诚信系统、契约精神没有成熟之前，担保和抵押成了“最恰当”的金融关系。

抵押文化大大促进了中国房地产的繁荣，因为房地产代表的是硬资产行业属性，所有产业链上的企业基本上都能提供资产抵押，获得银行的信贷。所以，商业银行过去10年推动了整个房地产产业链快速成长。银行挣钱，房地产也挣钱，这就是恶性膨胀。

但是现在中国经济发展对金融关系提出了更高的要求。从供给和需求两个方面看，金融体系都需要快速变化。首先谈需求，谁对金融有需求？是产业，产业结构不同，需求不同。其次，现在新兴产业没有硬资产，新经济很难做抵押，这说明原来的金融关系不再适应崭新的产业。

这里我们就要提到一个概念，即资本市场。资本市场就是指企业、个人或政府筹措长期资金的市场，银行是把钱“借”给企业，企业借钱需要还钱。而资本市场是把钱“投”给企业，比如，投资银行，投钱给企业就需要与企业一起同舟共济。所以资本市场上主要有两类人：寻找资本的人以及提供资本的人。寻找资本的人通常是企业和政府；提供资本的人则是通过借出或者购买资产进而牟利的人。资本市场是一种更为灵活的社会资源配置方式。资本的趋利性和扩张性，往往会给一个社会的金融关系带来更高的活力。从全球经济发展历史看，资本市场主导的经济体比商业银行主导的经济体更有活力。

比如，我们谈到资金供给，社会资本的供给就是老百姓的钱。过去老百姓的钱大部分都用在房地产和储蓄上，其中房地产占50% ~ 60%，储蓄大约占20%。这个也在变化，过去买房子比银行存款还保险，而现在房子不再是最佳的投资途径。相反，股票、基金、理财产品、债券等资本市场的产品将逐渐成为投资途径。

二 美国金融体系过去一百年的演变

1913年美国股市和银行的存款比例大概是1∶1，即美国大概有一半的资源配置在资本市场，一半的资源配置在银行。一百年之后这个比例变成了9∶1，也就是说，美国90%的资源是通过市场来配置的，只有10%通过商业银行来配置。很多大的商业银行，像纽约银行，存贷业务的收入在所有业务中的占比已经不到20%，而JP摩根、花旗银行等则早就转向了投资银行。这其实也是一种必然，在资本市场上，每一个投资者都可以对所有的标进行投资，每一个融资方都可以向所有的投资者进行融资，所以资本市场更能实现金融关系的自由最大化。比尔·盖茨的一句话也道出了现代金融的本质，他说商业银行是21世纪的恐龙。这句话讲出了未来商业银行面临的挑战，也代表着未来发展的基本趋势。

因此，中国的金融体系已经跟不上中国创业和创新的变化。就深化中国金融改革而言，商业银行主导金融体系，一定要转变成资本市场主导金融体系，必须结束中国银行业没有破产压力的日子。对于整个金融改革设计而言，破产机制是这场改革的“最后一千米”，只有击穿这“最后一千米”，整个金融市场化改革的逻辑才能闭合，整个市场机制才能理顺，市场配置资源的机理才能充分发挥出来，才能适应现在整个经济结构的需求，才能适应居民资产配置的需求。

现在银行存在的价值被不断质疑，其地位也远不如以前。盈利出现大幅下滑，不良贷款率也逐年上升，处于岌岌可危的地步。之前针对国内的商业银行谈“破产”，几乎是不可想象的事情。即使2008年全球金融危机之后，银行破产仿佛也只是欧美国家在面临的难题。但是现在中国也已经出台了允许银行破产的法规和条文，值得称道。

我们应该认识到，推动经济社会的发展，需要在政府和市场之间寻找一个平衡点。我们同时还要认识到，这个平衡点的位置是变化的，或者说是漂移的。人类社会总的发展趋势是越来越趋向市场，让更多的资源由市场合理进行配置。这也许会是一个螺旋式上升的过程。

> 资本市场应该成为市场经济国家最重要、最核心的市场，在配置社会资源方面起到主导性作用。更重要的是，一个强大的资本市场不仅是中国经济转型的需要，也是激发全社会企业家能力与国家创新能力的需要。

世上的事物都有它的客观变化规律，当外界力量不能主导这种变化规律时，就会有一种内生力量逐渐强大，倒逼它顺应这种变化。除了强化资本市场之外，我们还必须看到一股新生力量，那就是互联网+金融。

三 互联网+资本市场

在传统金融时代，很多金融产品都被设立了门槛，然后依靠信息不对称赚钱，有的是依靠设立小圈子去赚钱，这是非常初级、野蛮的金融业态。而互联网+则可以使大家时刻与资本市场上的产品配对，这就使大家可以直接通向资本市场，这是一种高级、健康的金融业态。

中国的金融效率、交易结构，甚至整体金融架构都将发生深刻变革，金融生态系统面临重组。那么，互联网金融的创新体现在哪里呢？

在互联网金融时代，人们对互联网金融的认可度越来越高。利用互联网的传播渠道，某一个小的环节设置都可以带动很大的蝴蝶效应。而同时，这也意味着期货投资的互联网端口正在放开，互联网金融平台可以在线上为千里之外的客户提供开户服务，这将彻底改变金融产品的地域分割现状。

因此，即使在互联网金融、P2P（Peer to Peer）行业不断出现跑路、资金链断裂的情况下，中国政府依然高举互联网金融的旗帜，李克强总理强调说要倒逼传统金融加速改革，推倒银行壁垒。因为唯有打破传统规则，勇于变革，中国才有希望。所以中国正在被倒逼进行一场伟大的金融变革，这是大势所趋、人心所向，新的金融关系将为中国经济升级提供基本保障。如何通过在资本市场里进行财富配置，来提高整个社会运作的效率？使我们每个人拥有财富，而在这一过程中，我们每个人的财富也将被成全。

第三章

文明复兴

CHAPTER 03

第一节　创业精神

中国真正的潜力是13亿沉默的人口。中国人自古以来就勤劳智慧，蕴藏着无穷的创造力，一旦发动起全员生产，形成全民创业的热潮，使小微企业“铺天盖地”，让大企业“顶天立地”，那么中国经济可以立刻满血复活。

中国目前有9亿劳动力，7000万企业和个体工商户。当传统模式难以为继时，我们一定要发扬创业和创新精神。2014年夏季达沃斯论坛开幕式上，李克强总理第一次提到“大众创业、万众创新”，他说要在960万平方千米土地上掀起大众创业、草根创业的新浪潮。2015年，李克强总理在深圳考察创客空间时说：“创客的活力和创造性，将会成为中国经济未来增长的不熄引擎。”

创业这个词对中国人来说并不陌生。历史总会潜伏未来，我们不妨先来回忆一下1978年发生在温州的几件事情。

一　温州创业潮

中国最早出来创业的是一群农民。

中国在南宋形成了一个“永嘉学派”，又称“事功学派”。他们认为充盈宇宙者是“物”，主张“以利和义”、“义利并举”，其代表人物多为浙江永嘉人，也就是今天的温州人。

受这种重商主义的影响，温州人致富无须动员，也从不畏艰苦。这也就是在同等政策下，为什么温州民众总是“敢为天下先”、屡创奇迹的原因。

1978年，中国改革开放启动，但当时中国大部分地区的农民都已经解决了温饱，所以很多老百姓的反响并不是太激烈，他们还是习惯于等待更好的国家政策。

但是，此时温州人率先向计划体制发起了敢死冲锋，因为当时温州人均耕地仅为0.41亩，整个温州地区仍有三分之二的民众生活在贫困线以下，由于天然耕地条件的恶劣，他们只有另谋出路。动因只有一个，即逃离贫困。

穷则变，变则通。他们是如何去主动发掘商机的呢？

1978年中国恢复高考的第二年，全国上百所大学招新生，温州苍南县金乡人由此看到了商机：这需要多少校徽？有多少利润？于是临近开学，金乡人涌入一所所高校校长办公室，拿到订单后，金乡镇众多家庭小作坊硬是敲打出了100多万元的校徽销售额，占全国总量的一半。

进入20世纪80年代，即便当时人口仍不能随意流动，而在温州636万户籍人口中，竟有超过200万人在外经商或靠手艺谋生。1985年5月12日，《解放日报》头版头条刊登《温州33万人从事家庭工业》，成为中国当时的一大奇观。

他们的收入如何呢？

1986年温州有专业户10.6万户，户均年收入3800元。比如，在东方最大的纽扣市场永嘉县桥头镇5000余农户中，万元户达4200多户。在10余万购销员中，年收入万元以上的约占三分之一，其中不乏数十万元，甚至百万元以上财富的拥有者。而1986年全国职工年平均工资水平为1271元。创富效果可见一斑！

在中国改革史上，温州民众创造出了太多的“第一”：全国第一份私人工商执照、全国第一批股份合作企业、全国第一个私人钱庄、全国第一座农民城、全国第一起农民告县长案、全国第一个成立个体私营企业联合党委……

金矿被彻底开启了，以温州为代表的浙江，因最早掌握商业信息，形成了以商带工的局面，不仅带动家庭工业迅速崛起，并用小商品拓展出大市场，距温州几百里的义乌，就是这方面最典型的代表。

小时候最记忆犹新的一件事就是，每当听到村子拨浪鼓响起的声音，小孩子们都会赶紧翻出家里的废铜烂铁或者鸡毛鸭毛去换糖吃。这些卖货郎手摇拨浪鼓、肩挑货郎担，两只竹筐，一副小木箱，箱子里装满各种好玩的小商品。

而这些当初看起来不起眼的卖货郎，很多后来都成了董事长，开始左右着国际百货商品的价格。如今拥有40万种商品的义乌小商品市场，已成为全球最大的小商品集散中心。

我在北方长大，当温州人掀起全民创业的局面时，我的家乡还是一片祥和。所以当初家长们看待这些卖货郎时，总会有一种自豪感，因为他们发现外地人要来我们这里谋生，如今几十年过去了，我们为了谋生，却要去温州或者义乌打工，这就是活生生的现实。

所以，每一个人都必须深刻理解什么叫居安思危！

当然，所有的改革都不是一帆风顺的。比如，在1982年，当时因私人企业的“野蛮疯长”，国民经济出现过热，计划体制下的物资流通秩序被打乱，因此国务院两次下发文件，以“投机倒把”为罪名进行严厉的经济整肃运动。当年年底，全国被立案各种经济犯罪16.4万件，结案8.6万件，万人被判刑。其中，温州的8位商贩被列为典型，遭到全国通缉并公开审判，这就是轰动天下的“八大王事件”。而两年多后，政策再度趋向市场化，“八大王”咸鱼翻身，成为了改革人物。

改革需要付出代价，但只有改革才能重生。如今中国经济再次面临转折，传统企业的盈利模式、渠道模式、合作模式都难以为继，中国的传统企业正在以我们无法面对的速度倒闭，这个临界点是传统企业的痛点，却也是创业、创新的新起点。

二 创业者的三级跳

1978年改革开放，中国涌现的第一批创业者，是以温州的农民为代表的。这批人出来创业是因为需要解决温饱问题，创业者的综合素养并不是很高，全靠硬闯和打拼。所以我们看到很多那时成功的企业家，有很多连普通话都讲不好，这一次创业潮属于“农民创业”。

到了1992年，邓小平南巡讲话明确了未来的改革方向后，很多政治嗅觉灵敏的体制内知识分子们看到了机会，引发政府机构、科研院所和国有企业里的大批知识分子下海经商，这一次创业潮属于“知识分子创业”。

2015年李克强总理呼吁“大众创业，万众创新”，又催生了一大批“精英”创业者。每一次创业的成功方式和特点都不相同，这次全民创业特点大大区别于前面两次。首先，本次创业热潮适逢全球经济格局的演变，而且结合了互联网技术革命。在全球一体化和新技术的推动下，这对创业者的素质提出了更高的要求。创业者需要精通互联网和新技术，需要深刻理解社会变革，并具备全球性的眼光和布局。

每一次经济升级，必然伴随着一次创业和创新浪潮。这一次创业浪潮更具备全民性的特点。互联网让创业的门槛变得很低，创业方式很便捷。餐馆、洗衣店、家政、农产品等都在与互联网接轨。从城市到农村，从传统企业到互联网行业，从大学生到白领，从政府机构到私营企业，都在流行创业和革新。如果你去杭州的咖啡厅里喝茶，旁边一桌年轻人的话题很可能就是如何创业。

创业者的素质越来越高。这一批创业者视野开阔、知识丰富，他们取得的成就也肯定更为人瞩目。这也说明中国经济的主导力量越来越优秀。中国也将成为全球创业的重要地区。

互联网时代的商业模式来也匆匆、去也匆匆。产品、平台的迭代非常迅速，稍不留神就错过了一波机会，即使抓住了机会，稍一疏忽就会被迭代事物所淹没。这个时代，非常需要“敢为天下先”的创客精神。

这是一个充满了无限可能的年代，整个社会充满一种前所未有的热情和动力。尤其是中国的年青一代，创业成了他们最时尚的话题。在北京中关村街上，随处可见指点江山、高谈阔论的年轻人。不再做愤青，不再抱怨，不再热衷安稳。项目、合伙、估值、融资、收购、上市成为他们之间最有格调的言谈。

在工业4.0和互联网+时代，你的每一个创新型想法都有可能很快成为一种产品。在互联网时代零距离、去中心化、分布式的大特征之下，你能赚取多少财富，完全取决于你给消费者带来多大价值，你给社会带来多大的变化。

> 但无论是“草根创业”还是“精英创业”，创新永远是最内在的原动力。“人”是创新的关键和最核心。要激发人的智慧，调动人的积极性，就要使人在创业、创新中收获物质财富，也能实现精神追求。必须充分尊重人才、保障人才权益、制定合理的人才制度。

只要政府简政放权做“减法”，社会创新创业就会做“乘法”。按照“法无授权不可为”、“法无禁止皆可为”、“法定职责必须为”，政府先拿出“权力清单”，声明自己应该干什么；再列出企业的“负面清单”，指明企业不能做什么；最后理出“责任清单”，如何做好维护市场秩序公平的“裁判员”和改革创新的“守护神”，其他的一切都交给市场，让市场说了算。

第二节　协作精神

世上万物的运作逻辑，总是存在着妙不可言的内在联系。接下来笔者将通过几个物理学上的概念，向大家通俗易懂地普及经济现象，以及人与人之间的关系走向。

一　亚当·斯密的《国富论》

首先，当今世界经济的发展模式和格局，始终没有逃脱一本书的描述，这本书就是我们前言里提到的《国富论》。它问世于1776年，被尊为西方经济学"圣经"，作者亚当·斯密也被誉为"现代经济学之父"，是他奠定了资本主义自由经济的理论基础，推动了人类的历史进程。

> 《国富论》的中心思想在于：在社会行为中，每个人的行为也都是由"利己心"出发的，每个人都知道自己的利益所在，都会使自己利益最大化。"利己心"会指导大家把资本向着最有利的地方去投资。但当投入过多时，其行业利润便会减少，于是大家会自然地改正这种"错误"的投资。所以，纵使没有任何法律政令的干涉，这种"利己心"依然有一种内在平衡作用，这就是一只"看不见的手"。

按照这种逻辑，看似杂乱无章的自由市场，实际上拥有其自行调整机制。比如，越是社会所需要的地方，利润就越大。它将自动倾向于生产社会最迫切需要的产品。结果这种投资可以增进社会的繁荣，个人利益和公共利益两者之间可以得到自然的和谐，这就将个人的利己主义与社会财富统一起来，是不冲突的。因此他主张尽量减少政府干预，把“自由竞争”奉为上上策，这就是自由市场经济。

欧洲国家和美国是自由市场经济的践行者，尤以美国作为自由市场经济的代表，其经济的繁荣说明这种理论的可行性。这就好比物理学中的一个概念，即布朗运动。物体是由许许多多分子组成的，而每个分子不停地做无规则的运动。因为每个人都在朝自己利益最大化运作，所以这是一种没有“公共秩序”的运作。

“看不见的手”的经济学理论一经出世，就迎合了资本主义发展的大势所趋，它非常符合资本的趋利性和扩张性，这就像当时牛顿的万有引力定律一样经典。万有引力形成了世界万物的互相作用和关系，“看不见的手”则形成了如今世界的经济模式和格局。有意思的是：200多年过去了，凡是遵从这个理论的国家都比较富裕，凡是不遵从这一理论的国家无一例外都比较贫穷。中国改革开放30多年的经济硕果，从某种程度上来说，也是借鉴了市场经济的发展模式。

如果真理是一场比赛，历史就是最好的裁判员。牛顿于1687年出版的《自然哲学的数学原理》标志着经典力学的确立。爱因斯坦于1905年建立的狭义相对论，将牛顿的经典力学推翻重建，让世人更加深刻认识到世界的真相，完成这一过程用了200多年。

《国富论》问世至今恰恰也已经过去了200年。实际上，早在这本书出版的100多年以后，历史已经暴露了它的有待完善之处。按照《国富论》的论述，整个社会将会持续、有序地发展下去，但是几十年后，资本主义国家就爆发了世界上第一次“经济危机”。

自1825年英国第一次爆发经济危机以来，世界从未摆脱过经济危机的冲击，其中美国7次、日本7次、联邦德国7次、法国5次。每次经济危机都会严重地破坏社会生产力，都会使社会倒退几年甚至几十年。1933年美国有1040万英亩的棉花被毁在地里，巴西有2200万袋咖啡被销毁，丹麦有117000头牲畜被消灭。而此时，千百万人正饱受失业的痛苦，广大人民仍在贫困线上挣扎……

而如今，全球经济危机每7年就出现一次，2008—2015年就又是这样一个阶段。具体情形大家已经看过很多，这里就不再赘述了。

究竟什么是经济危机呢？可以通俗地来描述一下：资本家为了赚钱，不断地投入和扩大生产，不断地要求工人加班干活，然后就生产出了大量产品，但是这些产品却卖不出去，为什么呢？因为社会上的消费者也是广大劳动者构成的，劳动者创造的财富都集中到了资本家手里去了，他们根本没有那么多钱去消费。劳动者手里没有钱消费就会疲软。

自由市场经济大大激发了大家的劳动积极性，但是创造的社会财富不断地向资本家一方单向流动，劳动者分配不到这些财富，于是就造成商业的不流通，所以经济危机的本质其实就是钱不流通了。钱本身是没有价值的，钱流动起来才有价值。

资本主义国家每隔一段时间就会爆发经济危机，这说明杂乱无章的自由市场并不是完美的，《国富论》的局限性被历史证明了。按照经济学家凯恩斯的推算，300年内不会有人像爱因斯坦推翻牛顿力学那样去推翻亚当·斯密的《国富论》。虽然现在只过去了200多年，但是按照互联网和工业革命的革新进度，这个时间会提前到来。

物理学中有个概念叫作“熵”，即物体都是由粒子组成的，粒子又是不断随机运动的，也就是“无序运动”，“熵”就是衡量一个物体里的粒子做运动“无序化程度”的一个概念。当熵处于最小值时，那么整个系统也处于最有序的状态，也就意味着每个粒子产生的能量都会统一地收纳和释放，所以系统的能量集中程度最高、有效能量最大。相反，当熵为最大值时，整个系统的有效能量呈完全耗散的状态，也就是混乱度最大的状态。所以一个系统的能量可以用它内部粒子运动的“有序化”去衡量，即熵越小，系统能量越大，也越稳定。

而我们使用的金钱，其实就是我们在使用之前所投入的“能量”，归根结底，金钱只是储存着的能量的债权而已。一个井然有序的系统，其能量的利用效率越高，能量就越大。比如，互联网之所以有如此强大的革新力量，就是因为计算机是高度有序的系统。

如果按照每个人利益最大化的原则，每个人虽然都会有一股冲劲，但是每个人产生的效能会互相抵消，整个社会就支离破碎，熵的增加越快，混乱程度也就越大，我们当代世界的危机触目惊心的道理就在这里。

二　囚徒困境的故事

假设有两个小偷A和B联合犯事，私入民宅被警察抓住。警方将两人分别置于不同的房间内进行审讯，对每一个犯罪嫌疑人，警方给出的政策是：如果一个犯罪嫌疑人坦白了罪行，交出了赃物，证据确凿，两人都被判有罪。在此基础上，如果另一个犯罪嫌疑人坦白了，则两人各被判刑8年；如果另一个犯罪嫌疑人没有坦白而是抵赖，则以妨碍公务罪（因已有证据表明其有罪）再加刑2年，而坦白者有功被减刑8年，立即释放。如果两人都抵赖，则警方因证据不足不能判两人的偷窃罪，但可以私入民宅的罪名将两人各判入狱1年。

显然最好的策略是双方都抵赖，大家都只被判1年。由于两人处于隔离的情况，所以首先应该是从心理学的角度来看，当事双方都会怀疑对方会出卖自己以求自保，其次才是亚当·斯密的理论，假设每个人都是“理性的经济人”，都会从利己的目的出发进行选择。这两个人都会有这样一个盘算过程：假如他坦白，我抵赖，得坐10年监狱；如果我坦白最多才8年；假如他抵赖，我也抵赖，我就会被判1年，如果我坦白就可以被释放，而他会坐10年牢。综合以上几种情况考虑，不管他坦白与否，对我而言都是坦白了划算。两个人都会动这样的脑筋，最终，两个人都选择了坦白，结果都被判8年刑期。

这个案例中，两个囚犯符合自己利益的选择是坦白招供，原本对双方都有利的策略不招供从而均被判处1年就不会出现，这样两人都选择坦白的策略以及因此被判8年的结局。纳什均衡理论首先对亚当·斯密的“看不见的手”的原理提出挑战：按照斯密的理论，在市场经济中，每一个人都从利己的目的出发，而最终全社会达到利他的效果。但是我们可以从这里发掘“看不见的手”原理的悖论：从利己目的出发，结果损人不利己，既不利己也不利他。

因此，人类心理、思维、价值观、行为上的混乱，也可以归结为熵的增加。当世界达到最大熵状态，意味着人人自危，互相对抗，所有的生产效能都会被相应的副作用抵消，此时万物一片死气沉沉。

水木然点评：

200年之前，市场经济刚刚开始发展，我们应该鼓励自由。200年之后，社会的自由度已经充分释放，此时我们应该思考运作效率的最大化。物体之熵即经济之伤，应该降低到最小。

我们必须意识到大环境的变化，传统商业是一门竞争的艺术，往往是抢到先机者胜出，价格低廉者胜出，这也叫自由竞争，而在互联网、工业4.0等新技术的配合下，现在的商业越来越变成了一门协作的艺术，做服务的比不过做产品的，做产品的比不过做平台的。大企业在努力裂变成平台，比如，海尔的创客工厂，就是要打造成为孵化项目的平台。小企业在聚变成平台，比如，滴滴和快的的合并、优酷和土豆的合并、美团和大众点评的合并。此外，做产品的也在努力做成平台，比如，小米手机，表面上是在做产品，其实也是在做平台。

大家发现了这个趋势了吗？企业未来真正的发展方向是平台化。在平台上，大家求同存异，互相补充，共同发展。而平台化的本质其实就是经济发展模式正在由以“竞争”主导迈向“协作”主导。

三　猎人打猎的故事

两个猎人出发去打猎。假设一头鹿有400千克肉，但必须两人合作才能打到，一个人打什么都获得不了。同地区有一群兔子，一共有200千克肉，两人合作可以全部打完，但一个人打也可以获得100千克肉。两个猎人各自都知道对方的平衡策略，但不能通过任何方式影响对方的决策。最终的结果会怎样？

A 鹿B 鹿：200千克，200千克

A 鹿B 兔：0千克，100千克

A 兔B 鹿：100千克，0千克

A 兔B 兔：100千克，100千克

这里面有两种情形：

（1）两人都猎鹿：任何一人单方切换成猎兔子，都会让自己的收益从200千克跌到100千克。

（2）两人都猎兔子：任何一人单方切换成猎鹿，都会让自己的收益从100千克跌到0千克。

注意，这里面都是单方更改。协作的重要性从这里可见一斑。如果两个人都只顾自己，只能获取部分成果。如果两人选择合作，可以获取最大的成功。但是，如果两个人的合作不够信任，一切都是一场空。

这就是著名的纳什均衡理论：在一个局中，所有参与人组成一个效果最大化的策略组合。在该策略组合上，任何参与人单独改变策略都不会得到好处。换句话说，如果在一个策略组合上，当所有其他人都不改变策略时，没有人会改变自己的策略，则该策略组合就是一个纳什均衡，即每个参与人的策略是对其他参与人策略的最优反应。

《国富论》强调了“分工”的形成，以及“分工”对社会财富的贡献。而如今我们必须开始研究“协作”关系，用“协作”来实现运作效能最大化的平衡。这就是不同历史阶段的人类活动特点，只有深刻理解这一变化，才能将经济推动到更高的台阶。

第四次工业革命正在发生，我们正处于这个大变革的洪流中。所有产业的供应链都在重建，人的重要性在加强，而资本的稀缺程度在下降。尤其是在互联网时代，每个人都是一个网络“节点”，只有被“链接”起来才能发挥效应。以前的生产关系主要体现在物与物上，现在将逐渐转移到人与人上，这将成为企业组织转型的重要背景，闭门造车的时代一去不返。

人与人博弈的结果，就是资本所有者要让出一部分所有权、决策权、分红权与人力资本共享，改变资本雇用人才的局面，实现资本与人才共同治理。只有这样才能留住人才，发挥人才的积极性，协作的过程就是资源共享，通过优势互补的过程实现组织的基业长青。于是公司的合伙人制在这样的背景下产生了。2012年，阿里巴巴结束了与港交所旷日持久的博弈，最终因不愿放弃合伙人制从港交所退市。2014年中国房地产业龙头万科集团召开了合伙人创始大会，共有1320位中高级管理人成为首批万科事业合伙人。

所谓大我无我。一滴水要想永不消失，就是把它放入大海里。一个人要体现自己有多少价值，就要看他能形成多大的周围联动。求同存异、协作共享才是大势所趋。

第三节 契约精神

在一个社会里，人与人直接的行为关系，构成了这个社会的商业文明。而行为是思想最外在的表现，所以一个社会的主流思想往往决定着这个社会的商业结构。中国和西方商业结构的区别，其实就是中西方文化思想的区别。随着全球的一体化，中国和西方的商业贸易不断碰撞，共同进步是大势所趋，为了提升和完善中国经济结构，我们一定要知己知彼，越来越需要冷静地研究西方的商业文明。

中国文化的精髓在于“变通”。中国哲学家从古代就开始研究事物的变通规律，中国人的聪明与智慧都用在了掌握事物变化的要领上。比如，《道德经》、《孙子兵法》等，尤其以《孙子兵法》一书最能反映中国人对谋略和诡计的看重。所谓兵者，诡也。上兵伐谋、兵不厌诈、实则虚之、虚则实之，等等，被奉为中国人处世哲学的经典。

而西方文化的精髓在于“契约”。契约一词源于拉丁文，原意为交易。西方社会的很多行为，比如，婚姻、做生意、工作等都会被视为平等的交易。如果双方确定了这桩交易，就要一直遵守协议的游戏规则，直到协议解除为止。这就是西方的契约精神，其实就是将双方的权利、责任与义务进行明确划分。其最早可追溯到古希腊时期，古希腊的执政官靠选举上台，执政有期限。设有专门的国会议员，对执政官监督与弹劾，并专门设有法庭可以用来审判，每个人每个位置都是建立在契约上的。当时亚里士多德提倡的伦理学，提出了交换正义的概念，并且要求恪守允诺。在《圣经》中，对于犹太初民与上帝的契约关系，至少有三次“立约”的记载。基督宗教形成之后，继承并发扬了这一“立约”之说。基督徒认为救主耶稣降生即上帝与人重新立了“新约”，因而将以往上帝通过立法而与犹太人所立之约称为“旧约”。这种契约精神经犹太教、基督教弘扬开来，遵守规则的传统观念在西方文化中根深蒂固。

> 资本主义在西方的兴起与契约精神是分不开的。契约精神实质上就是利用客观的合同关系来束缚人性，将人的贪婪、懒惰加以控制。而同时，这保证了交易得以顺畅、安全、健康地进行，避开了很多“人性”上的干扰，交易面前人人平等，没有陌生人和熟人之分，不需要各种关系上的打理和维系，商业就是交易的一个过程，交换的效益和代价要达到大家可以计算、判断和衡量，契约精神是维持这种理性分析的基础。它保证自由经济得以充分发展，这就组成了西方社会的商业文明。契约精神保证了商业文明的发展，商业文明又反过来强化了契约精神。

而中国人崇尚的是“高明”，而不是“守信”。我们最善于出奇制胜，绕过规则被视为一种手段。比如，说田忌赛马的故事，就是对规则的蔑视。上马对上马、中马对中马、下马对下马，这是赛马的规则，但是田忌却使用了下马对上马、上马对中马、中马对下马，这是典型的没遵守规则，也成了最经典的博弈案例，影响了中国战场和商场数千年。

2008年10月，国际艺术品拍卖巨头佳士得宣布，将拍卖圆明园鼠首和兔首铜像。佳士得最终对外宣布，中国籍男子蔡铭超以总计3149万欧元的价格成功竞得两尊兽首。然而蔡铭超在成功竞得两尊兽首之后，竟然多次对外高调表示将拒绝付款，他的行为在国内被很多人叫好，认为故意使国宝流拍是“爱国行为”，但是从商业角度来讲，这种行为对中国人在国际上的声誉产生了非常负面的影响。

在西方的契约精神里，暴力归暴力，侵占归侵占，但规则仍是规则。比如，在印度，甘地领导的“非暴力不合作运动”之所以取得成功，除了甘地隐忍牺牲精神的伟大外，还有当时英国殖民者对于规则的遵守。甘地的“非暴力”实质是以吃苦隐忍的精神、以道义的力量邀请对方共同遵守人类的文明准则。甘地一生共绝食16次，其中针对政府的几乎每一次都使英国统治者大为惶恐，不得不让步。它的真正难度在于对手也必须是一个讲究基本游戏规则的人，否则，你对他“非暴力”，他却总是对你“暴力”，结果可想而知。

> 美国也有一个这样的故事。在纽约哈德逊河畔，离美国18届总统格兰特陵墓不到 100米处，有一座孩子的坟墓。在墓旁的一块木牌上，记载着这样一个故事：1797年7月15日，一个年仅5岁的孩子不幸坠崖身亡，孩子的父母悲痛欲绝，便在落崖处给孩子修建了一座坟墓。
>
> 后因家道衰落，这位父亲不得不转让这片土地，他对新主人提出了一个特殊要求：把孩子坟墓作为土地的一部分永远保留。新主人同意了这个条件，并把它写进了契约。100年过去后，这片土地辗转卖了许多家，但孩子的坟墓仍然留在那里。
>
> 1897年，这块土地被选为总统格兰特将军的陵园，而孩子的坟墓依然被完整地保留了下来，成了格兰特陵墓的邻居。
>
> 1997年7月，格兰特将军陵墓建成100周年时，当时的纽约市长来到这里，在缅怀格兰特将军的同时，重新修整了孩子的坟墓，并亲自撰写了孩子墓地的故事，让它世世代代流传下去。

那份延续了200年的契约揭示了一个简单的道理：承诺了，就一定要做到，这就是伟大的契约精神。

而中国一直是农业社会，农业社会自给自足，商品交易贫乏。直到改革开放商务往来才开始频繁，但是中国发展市场经济，其实是去调整、理顺一种参与市场各个主体间的关系，中国商业是一路野蛮成长过来的。直到现在，还有中国人对于商业的理解还停留在“投机主义”和“抢先主义”的层面。那个时代的很多企业都是依靠垄断资源、打理关系、回扣和返点等手段发展起来的。

打一个比方，如果你要建一栋茅草屋，讲究的是技巧，你的技巧越高明造得就越快。但是你要建一栋摩天大楼，必须严格按照图纸和标准进行，材料和结构都必须合格，不然必定会倒塌。所以中国第一阶段的改革开放经济发展特别快，但是，如果我们的经济要迈向更高阶段，构建商业文明的大厦，必须学习契约精神。

商业文明就是一条条供应链构建的系统。供应链的构建其实就是通过契约把客户、客户的客户、供应商乃至供应商的供应商链接到一起。链条上的任何一个环节不尊重、不遵守契约都有可能导致整个供应链的失败，也就是各节点企业和行业的失败。

所以，中国还有句古话：小胜靠智，大胜靠德。这里的德就是诚信，为什么中国遭遇了几千年以来最严重的诚信危机，就是因为我们在经济野蛮发展阶段丢掉了很多道德，人与人之间的信任度降到最低。最明显的表现就是彼此防范。城市楼房里家家户户都有防盗门、防盗窗，遍地都是高高的围墙。

如果生活在一个充满谎言、怀疑和狡诈的社会里，人与人之间的行为效率就会非常低下，生产效能也会互相抵消。这样特别不利于商业文明的构建，所以文化和信仰真的非常重要。懂得为自己的契约买单，实质上是给自己的人格保险。

中国打造精神契约，就是要建立一套诚信机制。中国人总是用道德束缚人的行为，而西方社会善于用条款束缚人的行为。诚信不可能凭空建造，也不能依靠自律来实现。在以往，我们对契约的尊重和保护力度不够，缺乏完善的违约制约机制。人都是趋利避害的，都是追求收益最大化，中国人的聪明需要有用武之地，当违约的收益远大于守约的利益，或者说违约的收益远大于违约带来的风险和损失时，违约会是一个很好的选择。

> 诚信的建设一定要以制度来保障，要有巨大的惩罚措施，使得不诚信的人所失大于所得，而且总是如此，人们就会选择诚信。也就是说，最初，诚信只是一种选择，久而久之，诚信会成为一种道德。

其实西方人并不比我们守信，而是不遵守信用的代价超出了他们的想象，没有诚信的西方人简直寸步难行，生不如死。这就迫使他们像珍惜自己的眼睛一样珍惜诚信。对西方人来说，失去信用，就是失去精神生命，这两者没什么区别。

在美国，很多美国家庭都希望中国孩子住在自己家，很多人以为这样可以赚取费用。其实他们不是为了钱，而是为了信用。因为帮助外籍人员宣扬美国形象，家庭将会在社区里获得一些信用积分。这些信用对外国人至为重要。银行贷款、融资、租赁等，都需要信用来保障。

比如，美国的校车司机就是一个大美差，只能由根正苗红的人担任，因为责任重大，美国的校车司机信用指数极高，非常受人尊重。在美国做校车司机那是非常了不起的，常常是世袭。套用他们的一句话：信用比黄金还宝贵。

因为信用代表的是信任关系，它最特别的地方在于：一旦遭到破坏，就很难再次建立。犹如精美的瓷器，可贵的东西总是易碎的。

其实中国传统道德观念里也是强调信用的。孔子云，人而无信不知其可也。得黄金万两，不如得季布一诺，这就是所谓的一诺千金。还有那个残酷的寓言，说谎的孩子，选择了不诚信，就只能被狼吃掉。所以，组建社会主义商业文明，不能依靠道德上的自律，而是必须建立诚信系统，并且完善各种违约制度，用客观制度把契约精神注入我们的文化基因中去，重构我们的思想和文化体系。

最重要的是，契约精神具有四大思想：自由、平等、信守、救济。这将成为所有特权的紧箍咒。一旦恪守契约精神，必将给中国经济释放活力。

第四节 共享经济

一 两权分离

一件物品的产权分为“占有权”和“使用权”。占有权对应物权法的“归属”，使用权对应物权法的“利用”。

在计划经济时代，所有的东西都是共有的，我们都只有使用权。此时人与人的关系是共同劳动的关系，属于同一个集体，这是一种“被协作”的关系。当然，因为牵扯不到利益关系，所以此时人与人之间互相信任。

市场经济发展起来之后，出现了私有制和个人所有制，以“占有”物品为最终目的，很多东西的“占有权”被明确到个人，人与人的关系由共同劳动变成了直接竞争，于是出现了贫富分化，人与人之间也因此变得陌生和冷漠。

如今，共享经济开始流行，它来源于互联网，但它所带来的冲击将远超过互联网本身。它提供了一种新的思维方式，这件物品的“占有权”属于谁并不重要，重要的是你能不能使用它。共享经济的商业本质是以租代买，其实就是一场产权革命。各种APP能通过时间、地点、技能的匹配将物品的使用权分配到最需要它的地方，将资源利用率最大化，将多余资源转化成为生产力。因此，几乎所有产业都将会被共享经济所改变。

> 工业革命让人类的生产首次跟上了消耗的节奏。于是工业革命以来，人类开始依赖于生产来解决需求的矛盾。这种办法一直用了200多年，已经出现免疫。现在的问题越来越集中在资源分配不均衡上，有的人资源不足，有的人资源过剩。我们需要调配资源的使用来满足社会需求，这个方法就是共享经济。

今后我们将要正式开始“数字化打土豪分田地”，当年打土豪分田地，是把使用权和占有权分离，改革开放的包产到户也是两权分离。这两次的占有权与使用权分离，使中国土地改革、农村改革都取得了巨大成功。

“共享经济”最早于1978年由美国社会学教授发表论文提出，但在当时却生不逢时。其在2011年却被美国《时代周刊》称为将改变世界的十大想法之一，如今在移动互联网浪潮之下，它开始大行其道。

Uber（优步）和Airbnb（AirBed and Breakfast，空中食宿）是全球共享经济产业内的两面旗帜。两家创建于硅谷的公司，正在以“共享”的方式改变着世界。其中Uber成为全球估值达到500亿美元用时最短的公司（5年零11个月），并超过小米成为全球估值最高的非上市科技公司。2014年Uber在旧金山的业务收入高达5亿美元，是整个旧金山出租车市场的3倍之多。而成立7年的Airbnb已经拥有超过2300万用户，多于全球连锁希尔顿酒店的日住户的22%。

传统互联网实现了“信息共享”，而移动互联网实现了“经济共享”。共享经济通过移动LBS应用、动态算法与定价、互评体系等一系列机制，使得供给与需求方通过共享平台进行交易。而云计算、大数据、物联网等大大降低了租赁交易的信息成本，减少了信息的不对称，使原本不可能达成的租赁交易成为可能。

想想我们身边会经常发现这样的事：很多公司在推销自己产品时会经常这样做——这件产品不收钱，我们只收服务费。比如，云服务机制就是产品的占有权免费，但是需要使用费。这些都可归纳为共享经济的实质。

在传统年代，资本等同于资产，也叫生产资料，并且这种生产资料不具有可复制性，比如，工厂、设备、工人、商铺、土地，等等，都属于生产资料。马克思认为资本主义的根本矛盾就是资本家独自占有生产资料，产生了资产阶级和无产阶级两大对立的阶级。

而在互联网时代，生产资料是可以复制的，也就是说资本具有了可复制性。比如，淘宝可以把店铺无偿供给卖家使用，因为淘宝复制“店铺”的成本很低，最多需要扩充一点内存，对于云计算来说，这些成本可以忽略不计。只要他们设计了一套店铺模式，很容易产生成千上万倍的溢价。而且淘宝的盈利模式不是收商铺的钱，而是收增值服务的钱。这也迫使淘宝需要吸引无数的卖家进驻，淘宝也因此无形承担起了公共的服务义务，（即像公共产品那样免费提供生产资料）。

因此，在传统年代，资本是扩张性的。这种扩张性往往带有一定的侵略性，而在互联网时代，资本是可复制性的，这种可复制性往往带有公共服务的色彩！这也就是共享经济的本质，它大大促进了社会的和谐。我们每一个人，都将因为互联网的出现，而大大地收益。

市场经济持续发展，让人们的生产陷入无序化，同时人们的需求也开始多元化。于是大量物资开始盈余，而且很多人的个性化需求也得不到满足。这时就需要一种平台，能以市场的方式配置优化资源，促进人与人的深度协作，实现供给和需求的深度平衡。

在马克思写《资本论》的年代，社会生产力是工业生产力，工业生产力最大的特点是社会的资本往往具有不可复制性，马克思认为这是造成阶级矛盾的根本原因。

而现在的社会是信息生产力，信息生产力的最大优越性就在于两权分离。也就是说共享经济机制可以对生产资料进行复制，这将对《资本论》的理论带来什么影响呢？恐怕不仅仅是改良……

未来经济一定是共享型的。互联网的存在逻辑是优化社会运行，让一切商业和工作模式的损耗降到最低。互联网配置资源的核心方式是共享，其配置资源的效率大大超过了市场。在传统的市场经济年代，我们往往最在意物品的占有权，为了拥有占有权，人们争先恐后，甚至头破血流。但是互联网提供了一个运作机制，通过以租代买的形式解决了资源的不可复制性。

互联网时代已不再是奇货可居，而是奇货可租。产品是谁的不重要，关键是它归谁使用。将产品的“占有权”和“使用权”进行分离，将大大提升社会资源的利用率，并大大提高社会运作的效率。如今大多数国家的社会资源出现严重“过剩”，而互联网又让这些资源进行了一次回收和再利用。

二　工作=生活

共享经济时代，无论是在技能、人脉还是服务上拥有一技之长的人，同样可以通过互联网平台，寻找到与之相配的工作，人们可以根据自己所擅长的来自由支配自己要在什么时间什么场所做什么样的事情，根据自己的兴趣所在，制定目标，决定自己要成就一番怎样的事业。

工作即生活，生活即工作。这是一件非常美好的事，此时每个人都可以根据自己的兴趣和特长来安排自己的工作，把工作当成人生一大乐趣，并成为生活方式的一种。当工作成为一种分配时间、置换资源的方式时，将来我们或许可以用一份工作来满足自己的爱好，通过另一份工作交朋友，再用第三份工作来挣钱。

这是一个很有意思的事情，传统社会束缚了人性，让很多人机械地工作，而互联网给予人性回归的通道。社会就是一个庞大的网络，而每个人都拥有一个ID（专属号码），具有明显的符号特点，让人一目了然，互联网使我们的人格特点得到了发挥空间。

从古至今，人类一直为了生活而奔波。古代劳动人民需要根据时节决定种植什么粮食，然后用以维持家计；现代人需要根据待遇高低选择一份工作过上好日子，人的兴趣、生活和工作、劳动是分开的。而在共享经济时代，我们的生活与工作将融为一体，这就是一种社会文明的进步。

这个时代的主流产品不是物品、货物，而是抽象的思想、情感。这个时代的主流工作也同样不是朝九晚五，固定办公，而是有技能、有经历、有能力。共享经济模式使人们的职业变得更多元化，比如，自由职业的兴起。

三　自由职业的兴起

传统商业模式是“劳动者—企业—消费者”，共享经济模式是“劳动者—共享平台—消费者”。按照这种发展模式，你会惊讶地发现：在未来企业将消失，只剩下拥有不同资源和需求的人，以及不同的共享平台。

无论从生活角度还是经济角度，人们追求的最高境界都是自由。共享经济解放出来很多“自由人”。大量“自由人”与“消费者”聚集，让供需双方更自由地进行选择。这也自下而上推动着制度变革，提升了经济运行的效率。

共享经济最大的吸引力在于灵活性，几乎任何人都可以随时参与并受益其中。进入知识经济时代，工作越来越细分，朝九晚五的工作制对许多工作来说并不必要，常常造成时间和资源的浪费。因此，越来越多的人开始规划用业余的时间，在共享经济中共享资源享受收益。

这是一个充满不确定性的时代，人人都在变化中寻找机遇。越来越少的人会像父辈一样，一生只做一份工作。只要你拥有经验、技能，拥有一部智能手机便能为你的资源带来收入。不需要固定的办公室、没有规定工作内容的合同，工作时间灵活可变，收入还算不错。

在美国，不去特定场所工作的人们已经占到了整个美国工作人口的三分之一，并且每年以10%的速度增长。截至 2014 年年底，全美已经拥有 16 万 Uber 司机，单单一个月就有 4 万名新的司机签约，Uber 已经成为旧金山最大的就业岗位提供者。

共享经济能让人们根据自己的日程来选择工作，而不是让工作来安排自己的日程。同时，人们对职业生涯的期许多种多样，并且在一生不同阶段中会不断变化，即兼顾家庭、实现理想、挣更多钱，或者成为某方面的专家……而一份全职工作是难以满足人们不断变化和增长的需求的。

在未来，全职工作将不再是你的身份标签，或者唯一的收入来源。你可能同时是 Uber 司机、Airbnb 房东、Instacarter 买手和Taskbabbit 达人。通过这些共享经济平台，你可以灵活地交换时间、技能和金钱，找到最适合自己的生活方式，甚至还可以从中交到不同圈子的朋友，获得新的技能和职业机会。面对充满不确定性的未来，共享经济还能够提供多元化的职业道路，抵御潜在的失业风险。

自由职业一定会成为未来中国工作的主要形式。共享经济在高度机械化、纪律化、标准化的社会化大生产之外，提供了供需双方更自由选择、更自由供给、更个性定制的可能性，从而在一定程度上使得共享经济具有了“自由人”的联合意味。需要强调的是，这种自由需要以“协作精神”为基础。如果没有协作精神，这种自由就成为无序的碰撞，毫无价值可言。

共享经济这种“自由人”的联合形式，属于协同共享，它或许将会在很长时间里与传统商业模式共存，两者也存在一定的协作关系，虽然共享经济现在仍然是星星之火，但是必将成为改变经济格局的一个重要力量。

变革已经到来，世界正在改变。

四　中国共享经济的发展

据统计，预计到2025年全球共享经济的市场规模将达到3350亿美元，年均复合增长率达到36%。而在未来3 ~ 5年内，中国的共享经济将会达到全球第一。因为中国比美国更具备共享经济生存和发展的土壤。下面是中国共享经济的五个驱动力的优势：

> 第一，移动互联网的普及、数据的开放。这是技术基础。中国的移动互联网在全球的规模最大。
>
> 第二，服务业的兴盛。中国的服务业还在起步中，未来增长空间很大。
>
> 第三，高密度的居住区的形成。这造成需求和供给的不平衡，中国人口依然流向大城市。
>
> 第四，社会收入的不平等。这提高了人们劳动的积极性，中国的贫富差距比较大。
>
> 第五，经济下行时期。经济下行时期人们的安全感缺失，需要各种劳动方式来维持生存，而中国正处于经济转型时期。

先建立互联网化平台，通过互联网化平台培养用户习惯从而逐步建立起共享经济是国内的主流路径。但是新兴模式需要有培育和成长期，就像出租车市场，正当国内共享经济的代表滴滴和快的发展蒸蒸日上时，2015年10月10日，交通运输部起草了《网络预约出租汽车经营服务管理暂行办法（征求意见稿）》。私家车能不能当专车，滴滴、快的和优步们（Uber）何去何从，都在征求意见稿中有所涉及。

新规对专车平台及驾驶员的管理，几乎是照搬租赁汽车的管理条例。下一步从专车平台到驾驶员都要开启办证模式——专车平台要在每一个地区取得道路运输经营许可证，车辆要取得道路运输证，而驾驶员要考取道路运输从业人员从业资格证。即使以上条件都满足，一部车也只能加入一个平台，对违者处罚的力度也有所加大。除此之外，专车的价格必须比普通出租车高，而且对补贴进行了严格限制。滴滴、快的如此，Uber也未能例外。就算Uber将把总部设在上海自贸区，但也要服从获得互联网业务资质、电信业务经营许可证、平台数据库接入监管平台，以及把服务器设置在中国大陆境内等条件。按照这种设置，滴滴专车则变成了另一种出租车，同样发放牌照，同样收份子钱，只不过打车的方式变成了手机和电话而已。

最值得一提的是，兼职驾驶员和私家车为主的快的已经被完全拒之门外。共享经济有利于整个社会发展是肯定的，它对传统模式带来伤害也是必然的。所有新兴的经济规则与传统规则都会有冲突矛盾，但是，如果要求滴滴、快的驾驶员把专车买下来，这既不符合共享经济的特点，也不符合经济发展规律。既要补偿利益又不能回到传统方式，这才是衡量政策监管是否到位的标准。

当然，我们也承认，私家车作为专车进入市场，的确存在着不可忽视的安全隐患。就拿保险来说，私家车的保险不如出租车，一旦出事，驾驶员责任难负。如果政府立刻放开出租车市场，这个出租车市场将缺乏有效的监管、诚信体系。但是，在出租车行业供不应求的市场经济背景之下，我们如果仅仅因为私家车存在安全隐患、风险等方面的不足就不准其进行专车身份的转变，这无异于因噎废食。

任何一种新事物的诞生都面临很多挑战，其实共享经济不仅在中国遇阻，最近法国出租车驾驶员也在全体大罢工抗议Uber。共享经济涉及的交易安全、诚信体制、政策监管等环节，必须完善到一定程度，它才能真正繁荣起来，这也是中国下一步要努力的方向。

而在共享经济的产业水平上，中国将会获得26.4万亿元左右的直接收益，它主要来自（以共享平台为特征的）世界性支撑服务平台的出现。现在一个互联网平台上市，就可能达到一个国家的GDP的水平，中国这方面深具潜力。

过去两权合一的产权主要适应产品业态，共享经济的产权分割更适合服务业态。今天在服务业中，第一次出现类似轻工业与重工业的大分工，即服务业分轻服务业、重化服务业（也就是平台业、支撑性服务业）的大分工。一个平台基本上等于一个苏格兰的GDP，每个平台相当于深圳和广州的GDP，这样的平台至少可以出现14.7个。

在这种情况下，中国发展出世界级的支撑服务平台，在追赶德国的时候，在制造业中间环节的专业化上打一个平手，跟美国在技术创新上打一个平手，同时我们会通过市场的创新，在追赶美国和德国的过程当中，在市场服务上反超，通过发展重型的支撑服务业——不只是生产性服务业，而是支撑型生产性服务业——造成服务业的扩大再生产趋势。这一点将对于中国做大做强，甚至反向超车，产生深远的意义。

而发展重化服务业，只有共享经济这条路可以走得通。平台免费共享，增值应用服务创造超额附加值。由此产生的增值业态，将成为超越美国、德国等国家的价值来源。

第四章

思潮变迁

CHAPTER 04

第一节 利益驱动

一个社会的人才选拔制度，决定着这个社会的框架。

中国的人才选拔制度是从“关系”开始的，最开始的“关系”是世袭，然后逐渐演变。

在西周时期，各级贵族不仅世袭所占有的土地和人口，而且还世袭其职务和待遇。比如，你是我的亲戚，我封你一块领土，这块土地上的一切都是你的，这就是分封制和宗法制。

而随着社会的发展，血缘关系松弛。到了战国时期已经开始用“立军功授官爵”的制度来选拔人才。 到了汉朝，又开始以察举为手段来选官，实现了由夺天下到治天下的转变。

东汉末年开始，先由地方名人将本地士人按才能分别评定为九等（品），然后朝廷再按等（品）任命。但这一制度逐渐出现很多弊端，比如，“累世公卿”的现象。

而到了魏晋南北朝时期，家世门第的高低日益成为选官的标准。然后隋朝建立，不得不说隋朝的科举制度确实是一大历史进步，它开创了通过文化水平考试选拔人才的制度，这一制度为唐朝所继承和完善。

科举制度一直持续到清朝灭亡。这就是中国数千年来人才选拔制度的演变，虽然制度在进步，但是传统封建关系早已固化，中国人始终生活在封建关系的阴影里，它足以影响到每个人的人际关系。

一　潜规则

首先，中国传统的人际关系结构可以分成三层。

第一层是家人关系，家人关系里对利益保护没有条件，而且不讲回报。家人关系不好的时候，当然会有愤怒和敌意，但更多的是忍耐和包容。

第二层是熟人关系，比如，同学、邻居、同事和同村乡亲。熟人关系对人情的回报有一些期待，会通融但也有条件。

第三层是商业关系，属于同陌生人之间的利益往来，公事公办，陌生人之间往往不给任何照顾，只讲利害，对回报要求最高，以投入和产出的性价比做衡量。

在这里第一层关系是人的基本属性，我们不去谈。第二和第三层的关系却是复杂纠葛的，而且有时会把第一层关系绕进去。

每个人都会延伸出一根根关系链条，这些关系链条交织在一起，构筑成一张庞大的、坚不可破的社会关系网。每个人都渴望拥有一张能令他人羡慕的关系网，每个人都在苦心、细心经营着自己的关系网，每个人都期望能从自己的关系网中获得利益，而关系网的最大本质，就在于相互利用、相互依靠。

中国社会历来讲究人情关系，甚至可以这样说 :“在中国，关系就是生产力。”小孩入学要不要关系？看病找医院、医生要不要关系？找工作要不要关系？审批项目、做生意，等等，哪一样大家不是在找关系？

于是，人人都在找关系。但是关系资源分配永远不会平等，因为并不是所有人都能结识并有财力买通“后门”的“把门人”，所以那些拼命拉关系的人，或许因偶尔获益而沾沾自喜，更多的情况是看到别人走后门，自己没有关系而感到沮丧，而不少人沮丧之后又激发了寻找后门的更顽强的“斗志”，就这样，人们屡战屡败，屡败屡战，最终形成了一个更加不公正的社会环境——一个具有中国特色的“后门困境”。

找关系已经占据了很多人的大脑，影响了人的思维和判断。让每一个中国人在做什么事情之前，都要想我有什么关系可以用，然后还要再拉哪些关系？而那些手上掌握着权力的人，也习惯性地把许多明明是职责上应该做的事，就是故意不做，等着人上来拉关系，获取好处。人们为建立关系而投资，人们为失去关系而苦恼，人们也为有良好的关系而兴奋。

所以，中国人在不断地构建关系，但又不断地破坏关系。关系纠葛着利益，让整个社会的商业结构扭曲化，严重阻碍了一个社会商业文明的进步。因为很多时候，这种关系是超越规则、法律和道德的。

在西方，所有的人际联系固然也重要，但它不能超越法律、道德和规则，西方社会基本上是一个“规则社会”。中国社会则是一个靠“关系”来调节和维系的社会，中国虽然也有法律、有道德、有规则，但“关系”可以超越它们，从而能形成潜规则。

潜规则的存在，意味着对公共规则的破坏，意味着不公平。因为在潜规则之下，所谓的规则和秩序并不一视同仁地适用于所有人。相反，似乎达到某种地位的人，就可以违反之。凡是能够不遵守秩序的，不是有权者，就是聪明人，当这些人破坏秩序或法律的时候，人们一开始痛恨其损害了自己的合法利益，但是久而久之，则演变成羡慕妒忌。所有人都认为，守法与否，只能证明能力与否。一个人是否有权力，取决于其是否滥用权力，权力不滥用似乎就不能称之为权力。

还是说到“囚徒困境”这个例子，囚徒们之所以选择主动招供以换取减刑，因为他们认为自己的同伴很有可能比自己更先招供，进而导致自己受到伤害。在他们看来，抢得先机背叛对方，才是利益最大化的体现。

囚徒困境之所以成为困境，关键是由于囚徒本身就被置于一种不公平的环境之下，他们是否犯罪已经毫不重要，法律在这里并不起效，而认罪减刑的规则既不合法，更不公正。在我们这个社会，人们同样置身于不公正之中，当权者不受监督，无权者也跃跃欲试。难怪人人都去闯红灯；难怪马路上的车辆都在千方百计地占道；难怪人们只尊重权力，而不是法律。

于是公共规则失效，人与人之间的关系也陷入恶性循环。是的，我们都是囚徒，因为我们只要有机会，就会去选择背叛，且不以为耻，反以为荣，因为社会上大量“潜规则”的笼罩就置我们于这一尴尬境地：如果你的身边都是谎言、阴谋和骗局，谁也不会成为清白的幸存者——“囚徒困境”乃是由于其处境而非囚徒本人来决定。

密密麻麻的“潜在关系”，就像一张密密的大网，罩在整个社会的头上，不打破关系网，中国的民主政治、法治社会等就很难真正实现，就更谈不上真正实现商业的繁荣。

当然，中国上一阶段30多年的改革开放，“潜规则”的存在也对经济增长起到了一定作用，但是要想实现真正的商业繁荣、社会繁荣，必须建立一个公平、公正的社会环境。因此，下一阶段深度改革的过程，就是破除一切潜规则的过程，也是中国真正走向文明的过程。

二 瓦解传统关系

我们先来看一下中国人的心态变迁。

在经济学上，有一个很重要的发现，人均收入3000美元是一个国家开始现代化的界限，意味着一个国家和民族摆脱了贫困，开始过得小康和幸福。以此标准为界限，中国大约可以算在2008年的时候达到了小康。

但是遗憾的是，从1994年开始，中国人的平均幸福感就没什么明显上升了，甚至有几年还在下降。这一点大家可以凭自己的感觉，包括从自己身边人的状态去感知。

2016年，中国人均GDP预计可以达到8000美元。8000美元也是经济学上公认的一个拐点，在这个点之后，幸福和经济收益就不会再成正比增长，也就是说，再过一两年，我们不管怎么挣钱，都不会觉得更加幸福，即我们的幸福感不会随着我们的收入开始上升了。

所以，人均收入3000美元和8000美元，是幸福感的两个节点。而预计2025年中美GDP就会接近，那时我们的心态会发生什么变化呢？

60后是什么心态？他们的童年经历了自然灾害，经历了文革的前期，经历过大风大浪，面对如今的沧海桑田和社会变迁，他们的心态是安详而平和的，有种处事不惊的感觉。

70后是什么心态？70后存在着理想主义，所以他们是中国最纠结的一代人，他们一会儿是浪漫主义、诗人，一会儿又得挣钱打拼，面对社会的新思潮，他们是最纠结的。

80后是什么心态？80后的压力是最大的。他们经历了房价的巅峰期，而且往往上有老下有小，他们勤奋上进，开始踏实过日子，而且正处在人生最干练的时期，他们的心态往往是务实又开拓的。

90后是什么心态呢？90后是第一批公开在网络上承认自己是屌丝，承认对方是女神的人。在心理学上，一个人的内心要极其强大，才敢自贬到这个样子。90后呈现出强烈的自我实现需求。

三　90后

如果把一个人作为整个家族来看，其实90后是实现了从“安稳”走向“自我繁荣”的需求。他们虽然有一点稚嫩，无拘无束，但他们在努力去追求个人成长和存在感。

60后、70后、80后都会追求传统意义上的“幸福感”，这种幸福感有时是需要活在别人眼里的。比如，你需要接受各种约定俗成的规矩；你需要创造各种世俗的成就去讨好周围的人；你需要不断地向周围人证明你很成功。这自然就会使你置身于传统的中国关系中来，这就绕不过去“潜规则”这条大河。

而90后的追求根本不是什么“幸福感”。曾有言论说：90后根本不需要买房子。这一代人，一定不会像上几代人，追求房子，追求家庭，追求责任，追求抱负，而是强烈的自我实现，追求自由和我行我素，这是人心趋势，与时代环境完全符合。

中国传统的社会关系和潜规则，在90后眼里一文不值。中国传统社会关系和价值观将在这一代身上开始被一一瓦解。

互联网浪潮带来的商业变革，以及全球化浪潮带来的思想更新，无疑将使90后变得不仅更加理性、务实，而且更加开放、坦然。他们的思想花朵将在一个思潮更加分散、派别更加多元、观念更加前瞻的时代里绽放。

有什么样的国民，就有什么样的国家；有什么样的消费者，就有什么样的商品，这是铁律。

曾经，农民构成了我们这个国家的绝对主体。所以春晚要放农民口味的小品，CCTV黄金时段播放的是乡村爱情故事。

后来，城镇化创造大量青年知识群体，于是人们打开电视，开始为选秀明星投票，无数人同时守着电视为一个年轻的声音是离开还是留下而焦虑纠结。如何找出这个国家最好的歌手，全国的地方娱乐节目已煞费苦心多年。

如今，主流文化再也不主流，能够引导新新青年的东西再也无规律可循。当上亿的90后成为一个基数，这股移动势力，就是排山倒海、势不可当。任何礁石在巨浪面前只会被击得粉碎，所有传统的社会关系都将被肢解。

100多年前，梁启超挥毫写下了大气磅礴的《少年中国说》：

少年智则国智

少年富则国富

少年强则国强

这也正是100年后中华民族薪火相传的写照。

四 效益驱动

随着人类个体作用的凸显，个体对世界改造效果也越来越明显，个体创造的物质财富自然也归私人拥有。当物质财富越来越私人化的时候，人要获得物质就只能和拥有物质财富的人发生联系了。而且一个社会的物质文明程度越高，物质财富就越将成为人与人难以挣脱的关系纽带。物质财富成为人与人的关系纽带，与情感成为人与人的关系纽带不同，它不存在天生的因素，它是社会物质财富私有化、生产力发展到一定程度之后才产生的作用。

人和人之间为了利益通过共同协商达成契约关系，或者为了取得共同利益结成联盟，再去取得更大的经济效益，这就是未来社会的人际关系，是以“效益驱动”为核心基础的。

虽然纯粹的利益关系令人不安、生厌，但为了人类的生存发展，人类又不得不组成这样或那样的利益联盟。实际上，人类社会自古以来就是依靠利益关系构建起来的。比如，在原始社会大家一起打猎，打到猎物共同分享；在奴隶社会，人们为了生存不得不卖身为奴；在封建社会，人们为了生存不得不接受地主盘剥；在资本主义社会，工人为了生存不得不拼命为资本家干活。物质财富是人类的需要，为了这一需要，人们通过物质利益结成了各种各样的人际关系。

无利不往，人的行为越来越机械化，按照这种进化逻辑，我们今后都是一台台“机器”，人的行为正由情感驱动向利益驱动转变。再加上互联网的辅助，人与外界的联系在加强，触点不断增多，所有的沟通和连接都依靠互联网进行，所有的情感都会被转化为一组组数据，变得可衡量。而在现实中，人与人越来越孤立，因为与其他“人”相比，我们更愿意信赖“数据”。

亲情、友情、爱情这些传统的人际关系，都会变得可衡量。比如，在相亲网站，你的收入、身价还有你的要求都以数据来体现。数据化推动效益最大化，这背后就是物质文明的繁荣，人类社会的总体财富在不断增加。

再放眼全国，今后各个行业不再有国企垄断了，而是各家民营企业的自由竞争，不管是年轻人还是老年人，也不管其出身或教育背景如何，都能自由创业，进入充满发展前景的行业。由于没有多少国企存在了，金融资源不再有歧视性地偏袒一些企业，而忽视另外的企业，所以，在发展机会上更加平等，连商业规则和行业法律法规都更加体现“法律面前人人平等”的原则。

今天的中国更加商业化、市场化了，以至于家庭的利益交换功能也在淡化，那种通过家庭血缘关系来互通利益的传统安排已经越来越淡化。许多人说现在社会的人情味淡、离婚率高，生小孩的数量也少了，等等，这并不是坏事，因为在金融市场以及其他市场取代家庭、社会关系的经济交易功能之后，婚姻和家庭的基础更多是感情而不是利益。所以一旦没了感情，婚姻的基础就没有了。在大城市，尤其是北上深广一线城市，单身的年轻人越来越多，他们不再背负传统和世俗的枷锁，而是享受自己的自由和人生。婚姻作为一项传统的世俗枷锁，其地位在每个人的人生中不再那么凸显。人的生命就这样从功利工具目的中得到解放。社会的发展最终也实现了“五四”运动所追求的个人自由和个人解放，这就是一场人性的解放。

早在工业革命和资本主义席卷18、19世纪的欧洲时，无数小村镇居民之间原本基于血缘、地缘、业缘的紧密连接被迅速地削弱甚至斩断，传统习俗、群体舆论、不成文规范等对个人行为的支持或束缚同时大为弱化。一个个曾紧密连接的小群体由“分子”碎裂为“原子”，并在更大的地理空间——城市内，艰难地重新建立较为淡薄的连接。此后，在各个大陆、各个国度发生的工业化、城市化浪潮中，也都伴随着类似变化，只是其程度及后果各有差异，这就是关于人际连接的变化。

关于这方面，马克思在他的《共产党宣言》里写道："一切固定的东西都烟消云散了……人们终于不得不用冷静的眼光来看他们的生活地位，他们的相互关系。"社会学家涂尔干和滕尼斯都认为人与人的连接由"机械团结"变为了"有机团结"，"礼俗社会"已经向"法理社会"转型。心理学家弗洛姆指出，一方面人类从中世纪传统秩序的束缚里脱身，日渐获得自由、增长力量和理性；另一方面，也脱离了从前给予他安全感的连接，失去了固定地位。人与人之间的关系，就像失去枷锁的"原子"们，不受时空限制地重新聚合。

这一切，拜科技所赐，拜互联网所赐。

1969年互联网诞生了。数以亿计的计算机从此可以相互连接、通信、协作。1993年万维网正式向世人免费开放。网页和网页通过超文本链接在一起，知识与信息在人类体验中，由平面到立体，由线性到巨网。2004年Web2.0作为一种潮流已被广泛讨论及实践。开放、分享、参与的理念最大限度地在普罗大众中播撒，2011年微信诞生了，接着2015年已经覆盖中国 95% 以上的智能手机，月活跃用户达到6亿，用户覆盖 200 多个国家，超过 20 种语言。移动互联网时代正式到来，以计算机或内容为中心的观念已经不再符合游戏规则，"以人为中心"、"人与人的连接"才是时代精神。

我们日日织"网"，它可收可发，时隐时现，转瞬可跨越洲际，人的连接由现实空间搬到了虚拟空间，传统的人际关系早被推倒重建。好友、粉丝、朋友圈、圈子、关注、组团、转发、订阅、评论……连接越来越频繁，互联网早已变成"人联网"。并且每个人的个性化得到加强，你的兴趣、习惯和爱好都得到绽放，它让很多人不用再去做传统的全职工作，让社会的谋生方式趋于多样化。你可以在上面肆无忌惮地发挥自己的特长，完全不用在意别人的眼光，互联网成就了我们每一个人。

而当我们需要协作和共同完成任务时，互联网的自组织力量更是惊人的。瞬间引爆全网不是没有可能，互联网已成为社会竞技的最重要场合，媒体巨头、财富集团、政府部门、跨国组织都在上面书写权力博弈新格局。社会将因网民的个性而裂变，你是“小清新”，我是“重口味”，他是“非主流”，我们各取所需、交朋结友、自有天地。但与此同时，社会又将具备聚变效应，随时可以形成全网联动，形成一个有机整体。

电子媒介的兴盛，将会帮助人类在更大尺度和更高层面上，重温原始人类部落中休戚与共亲密无间的关系；在重新“部落化”的世界里，“环球村”中的居民或许不再那样孤独。的确，在某种程度上，人与人的连接正在变得越来越稠密和丰盈。

我们还会发现一个很有意思的事实，即人们正在去感情化，而机器正在努力拥有感情。智能机器正在不断努力地去试图理解人的情感，尝试与人建立一种“非机械”式的沟通，但人与人之间越来越忽视这种情感。或许不久的将来，每个人都将成为一台标准化运转的机器，冰冷但精密，而此时机器已经拥有凌驾于情感之上的智慧，或许真的有一天，它们成了人类的上帝。

每个人都会觉得越来越孤独，同时会把自己内心包裹得更紧。没错，世界欠你一个知己，而你欠世界一个自己。

英国诗人约翰·多恩在17世纪吟道，无人是座孤岛，每个人的死亡都是我的哀伤，我是人类一员，莫问丧钟为谁而鸣，丧钟为你而鸣。或许，只有这样我们才可以思考人生的终极意义……

但是无论如何，以社会的公平、公正为基础，再加上人性的解放，变“关系驱动”为“效益驱动”，再由互联网重构社会结构，中国必将迎来下一次经济发展大浪潮。

第二节　话语权裂变

未来10年，是中国商业领域大规模打劫的时代，所有的“粮仓”都可能遭遇打劫。互联网带来的“跨界”与“颠覆”将给所有的行业带来大洗牌，面对这一波凶猛浪潮，只有把准了时代变革脉搏的人，才能在未来占据优势。

看看我们周围：实体店、出租车、中国移动乃至银行，先后都被互联网冲击和颠覆了。你有没有想过，那些正儿八经的电视台今后还会存在吗?

电视台变革的本质，其实是话语权的转交。所以，要弄清这个问题，首先就要解读话语权的发展史。

一　话语权追溯

这个世界的社会关系和运转规则，很大程度上来说，都是由“话语权”决定的。千百年来，世界的“话语权”一直被直接或间接地掌握在少数人手中。

《圣经》是全世界销量最多的书，截至今天累积发行量已超过40亿本。这本书从3500年前就开始撰写，共有40多个作者前后谱写了1600多年，然而它最大的传奇还不在此。

数千年来，神父手持《圣经》为人类解读耶稣的指引，俨然神父就是神的化身，无论神父怎么解读都是正确的，没有人敢说神父是错的。神父虽有众多，真理却只在《圣经》中，它是“人类的说明书”，告诉我们生命从何而来，人当为何而活，何为美善，如何为人，等等。

2500年前，老子用一部不足5000字的《道德经》阐明了世界真理，孔子的闲言碎语也被学生编成了《论语》，奠定了中国的普世价值观。后来秦始皇统一中国，发现天下虽合并，但是话语权却并非自己独享。于是下令焚烧《秦记》以外的列国史记，禁止私学，敢谈论《诗》、《书》的人一律处死，并活埋了460多位做学问的儒生，将天下的话语权独揽于一身。

然而在后来，印刷术的发明引发了文字和思想的狂潮，天下的话语权不再属于一部《圣经》，不再属于一个君王，开始属于一个机构统一管辖，印刷术让书籍承载百家思想，继而传播给大众，指导大众的行为。

二 话语权大战

到了二次世界大战期间，无线电的出现让信息传递跨越了空间障碍，希特勒、罗斯福、丘吉尔都是善于利用电子信息传播的代表。在那个动荡的年代，他们用演讲煽动或者鼓动人们，他们的声音推动了历史的进步。

再后来就是冷战，冷战是军事上的冷战却是话语权的热战。东西方开始为争夺世界“话语权”斗争，西方“和平演变”战略的策划者为了颠覆社会主义国家，建立了许多超大功率的发射台，当时美国之音（VOA）用66个超大功率的发射台对全球广播。利用多种语言对社会主义国家进行不间断的广播，宣传西方的价值观念、政治主张、生活方式，形成了强大的话语攻势。苏联解体和东欧剧变原因很复杂，但其中一个不容忽视的重要原因就是苏联迅速失去了自己的话语权，失去了舆论和理论的自卫能力。

直到现在，以美国为首的发达国家，凭借先进的媒介迎合中产阶级的消费主义，这使世界倡导的品位、志趣、时尚、生活方式全部西化。联合国教科文组织在其报告《多种声音，一个世界》中曾指出：“美联社每天从纽约向亚洲发送9万个单词，反过来亚洲每天只向全世界传送1.9万个单词。”世界上大多数报刊发表的国际新闻，有90%来自西方四大通讯社：合众国际社、美联社、路透社、法新社。而合众国际社的新闻报道71%是关于美国的，9.6%是关于欧洲的，关于非洲的报道却不到1.8%。

在传统四大媒体即广播、电视、报纸、杂志中，电视独占鳌头。1924年，英国科学家贝尔德发明了第一台电视机。不到80年的时间，从黑白电视机到彩色电视机，从有线电视到卫星传输，电视几乎是人们唯一能接收动态栏目的渠道，电视确立了其最重要媒介的地位，是以往人类历史上最被广泛接受的传播、娱乐渠道。电视台成为话语权的重要载体，并且仍然集中属于一个机构管辖。

话语权的集中会产生可怕的后果，比如，中国封建时代的术士巫婆，在思想观念极其封闭的环境中，用单一的话语权造成了迷信、偏信的封建现象。而当年希特勒最擅长的就是演讲，他将整个民族都煽动的走上了极端道路。

然而，事物发展有它的客观规律。话语权就是“道”，道生一,一生二,二生三,三生万物。随着互联网的繁荣，网络传播更具渗透性、自发性、扩张性和多元性，互联网媒介变得越来越有影响力，世界话语权的掌控开始交还到每一个人手中，呈现出“裂变”的势态，并且势如破竹。

所谓的自媒体，其实就是移动互联网重建的社交媒介，它摧毁了传统的传播机理。它让每一个人都可以参与发言，这次传播技术的变革带来的不仅是更高的商业价值，更使话语权以民主的形式向各个角落渗透。随风潜入夜，润物细无声，为世界的运转注入了润滑剂，世界开始越来越个性化和多样化，可谓百花齐放。

互联网来袭，报纸、杂志、电视等传统媒体已经丢盔弃甲，溃不成军。倒闭和停办的报纸和杂志不断增多，但是为什么我们还没有听说哪家电视台倒闭了？那是因为电视台都是由地方财政支持的。但是，在这个连银行都被国家允许倒闭的变革时代，电视台倒闭的日子还会有多远？覆巢之下，焉有完卵。

香港亚视是全球第一家华语电视台，覆盖香港、澳门、广东及北美近1亿观众，是亚洲地区具有影响力的电视台。据相关统计，香港亚视现长期亏损，在林伯欣时期每日亏损100万港元，到2008年，亏损金额总数至少50亿港元。包括香港亚视24小时新闻台等10个频道都在2000年之前全部倒闭。2015年香港政府做出决定，4月1日起不再继续为香港亚视发放牌照。这意味着，从2015年4月1日开始12个月之后，这个有着57年历史的电视台将会倒闭。

香港电视台如此，内地的电视台呢？

全国地方电视台至少超过2000家，除了通过卫星播出的近40家省级电视台外，其余电视台均为地市和县市电视台，这一数量远远高出美国和日本等广播电视发达国家。

中国的电视台和广播电台一直施行采编播一体化的生产模式，节目由自己生产自己播出，但缺乏市场化运作，数量臃肿，人浮于事，这种制播合一、吃大锅饭式的运行机制严重限制了电视节目的发展。

首先，以一个县市级的电视台每天只按最低播出4集电视剧的标准计算，目前国内每集电视剧正规渠道的采购价格在1200元人民币左右，一年下来县市级电视台用于电视剧采购的费用将近200万元，而在互联网的影响之下，电视的广告效益远远支持不了这种采购成本。

其次，在互联网、视频新媒体的冲击下，如果电视台的目标受众也都不再关注电视台，而是通过互联网渠道观看节目和资讯，那电视台的广告方也会停止巨额的广告投入。随着国家倡导的去垄断化、去行政化和市场化，如果没有政府财政的支持，电视台将何以应对？

电视台倒闭已经为时不远，而且将先从地市级电视台开始。

国内的电视台分为四级，其中，地市级电视台处于四级办台中的第三层级，这个层级位置颇为尴尬。上有中央台、省级台等实力雄厚的电视台的“打压”，它们在政策、覆盖、内容、资金和人力等方面具有优势，不对等的竞争让地市级电视台无力与之争锋；下有县市台的无序竞争，节目也没有县市台那么接地气。

由此地市级电视台内外受困，面临多重竞争。可以预料到，在多重因素的影响下，地市级电视台也许将是倒闭的“先锋”。真到了那一天，我们不必扼腕叹息，因为这是时代的选择，是优胜劣汰的必然结果。

三 制播分离

尼葛洛庞帝在《数字化生存》一书中预言“在开放系统中，我们靠自己的想象力来竞争，而不是靠手中掌握的锁和钥匙”，这一预言可对应当前的电视行业——新一波的制播分离浩浩荡荡，从央视到一线卫视，再到谋求上位的二三线卫视，都被携裹进广电传媒的改革大潮。

随着改革开放的深化，简政放权是一大趋势。国家正在开放电视节目内容制作的权限。根据国务院下发的《关于取消和调整一批行政审批项目等事项的决定》，广播电视节目制作、经营，已不再是传统广播电视机构的特权，电视节目的制作权开始放开。

制播分离的概念最早起源于英国，来自于英文Commission，原意是指电视播出机构将部分节目委托给独立制片公司来制作。与电视台的行政单位分割正是让制播分离达到了一个全新的平台，这样的制作水准肯定会越来越高，不会再有人说中国大陆地区的节目都是政治状态下的填充品，我们也可以做出非常好的节目。

节目制作被分离出来之后，以专业的节目制作水准来进行综艺节目以及影视剧的制作，可以全情投入，不用顾忌行政的事情，只要做好节目就可以，其他的事情就是节目中心来管理了。参与节目制作的玩家越来越多，传统电视台的竞争对手也越来越多，方兴未艾的民营制作公司，资源丰富的视频类网站，制作水准较高的海外节目制作公司，甚至草根制作团队都来分一杯羹。无论自愿，还是倒逼，汇聚各方力量，“开门办台”已是大势所趋，这就是我们倡导的市场化，属于中国深化改革的一部分，民间人士也可以拿起自己的话筒，发出自己的声音。

播出机构在酝酿新的制播分离政策，而制作机构在谋求更多平台的合作。分分合合，人才洗牌，新旧交融，在一次次的博弈与竞合中，中国电视节目的市场化程度越来越高，也将激发出更多种类、更多风格的电视节目内容，中国的文化事业从此步入新的繁荣阶段，话语权开始和权力分家，大大有利于中国的文化复兴。

四　从单屏到多屏

互联网带来的影响不仅是节目制作方式的变化，还使观众接收信息的屏幕开始多元化。电视台只能控制输出的画面，而互联网则完全释放了包括电视在内的各种屏幕。

我们身处的是一个“多屏”时代，各大视频网站、各种互联网电视、各种智能手机以不同的形式向用户展示着鲜活的内容。不管是网络自制剧、微电影、原创新闻/视频，甚至是聊天时的一个表情，也都和电视台上播放的内容有着明显的区别，这也是为何互联网能够抢占电视台大部分观众的原因。按时按点等在电视机前观看节目的模式太过老套，早已跟不上时代，除了被摒弃，别无他法。而且传统电视台一直是在自顾自言，不具备互动交互性，无法吸收观众的意见。这对于已经习惯了在互联网上发言和讨论的用户来说，也是不可以忍受的。

今后，节目生产商和创意作品想出现在观众的电视屏幕上，不再需要去不对等地求助几大电视台了，只需要像入驻手机App Store那样入驻Letv等电视应用商店即可，电视观众可根据自己的喜好在应用商店里选择内容和应用，而不需要被动地等待电视台的下行播放。

同时，App Store模式蕴藏了更丰富的广告模式，远远超过电视台广告的形态。旧的传媒产业链正在被破坏，新的传媒产业链正在形成。这会给视频内容创作机构带来平台红利，同时也给专业化的工作室靠创意和专注取得成功的机会。

互联网改变了电视屏的内容播放模式，用长尾丰富内容来把传统电视的时间维度和内容个性化的决定权交给了电视观众。可以想象，很可能在App Store里出现数以万计的小小电视台或小小电视栏目，“上电视”的机会要呈现平民化的特点了，这是一次巨大的媒体解放和变革，也意味着话语权开始向全民释放。

广播成就了希特勒，电视成就了肯尼迪，互联网成就了奥巴马。20世纪50年代，在中国的农村基本上每村都有一个广播站，用于通知村民开会或学习伟人精神。今后，只要具备正能量、大胸怀和独立思想的人，都可以手持大喇叭，表达自己的主张。百家争鸣、百花争艳的时代将真正到来。

制播分离是广播和电视产业化的标志，促进了资本和产权的整合，也必然给资本市场带来众多较高回报的投资机会。在这种浪潮之下，新型全媒体互动节目将成为下一波新机会。当内容制作不再具有垄断优势的时候，意味着拿到资质的企业将成为第一批幸运儿。拥有制作和传播资质的企业将占领屏幕的最高地。

第三节　摔掉铁饭碗

一　铁饭碗

“铁饭碗”一词对于中国的90后来说，可能已经比较陌生，而对于中国的70后、80后来说，当年几乎每个人都对它无限向往。

这个词出自改革开放之初的计划经济时代。新中国自1949年创立后的前30年里，实行的是计划经济，当时的企业以国有成分为主。社会主义是按劳分配原则。但是，当时实际上是根据每个人的资历和等级分配工资，这是封建社会遗留的一套体系。

当时，已经进入国家编制的正式工作者，每个工作人员只需要当好一枚“螺丝钉”，上级领导叫干什么就去干什么，自己不主动离开，也不违反劳动纪律和刑法，就可以一直干到退休年龄，之后继续有养老工资领到去世为止，这便是铁饭碗。

当时中国青年的精英阶层——大学毕业生，都是怎么工作的呢？当时国家对毕业生采取“统招、统报、统配”政策，在统一指令性下进行分配。大学生一跨入大学校门就成为国家的人，拥有了铁饭碗，无须考虑毕业以后找工作的问题，到哪里工作，做什么工作，都由组织决定。铁饭碗一旦端起来就放不下，而且“干和不干一个样，干多干少一个样，干好干坏一个样”。这样的现象至今仍然广泛地存在于公务员队伍、事业单位和国企之中。

你会发现这种统一安排，既不会顾及每个人的兴趣和长处，也不能调动每个人的生产积极性，创造性更无从谈起，大家都在为集体奉献，当时的社会是稳而不活，因此中国经济发展缓慢。

改革开放之后，为什么中国经济立刻充满了活力？就是因为很多东西的“产权”明晰了，家庭联产承包责任制就是明确每一块土地的产权属于谁。私营经济和私有制使整个社会更加“灵动”，这激发了人们生产劳动的积极性，因为他们每劳动一分钟，就可以看到为自己带来了多少劳动成果。接下来中国改革步入深水期，其实就是再进一步明确每一件东西的产权。中国实行按“劳”分配政策不变，这里的劳不是“劳动量”，而是“劳动成果”。

从经济角度来讲，一个完美的社会是这样的：要让一个人的劳动收入与他创造的价值成正比，虽然这不可能绝对实现，但是我们正在接近，而且未来会无限接近。

怎么样才能给中国经济再次注入新的活力呢？就是充分放开竞争，无论是人才还是产业，把所有的机会之门都保持敞开，要更加包容、平等。

2015年，在李克强总理主持召开的深化国企改革座谈会上，要求大家发扬“能者上、庸者下”的问责机制。到2020年，中国将形成新的事业单位管理体制和运行机制，比如，根据央视新修订版的《播音员主持人管理办法》，打破以往传统的播音员、主持人终身制，实现频道与主持人之间的双向选择，而考核制度方面也奖惩分明，凡考核不合格者，将被调离播音、主持岗位。

中国将逐一摔破4000多万个铁饭碗，这将大大激发社会运作的活力。

国家正在进行一场宏观调控，对国企和事业单位实行同工同酬、降薪降福利、打破终身制等政策，将工作机会遍及给每一个人。对于公务员来说，中国反腐、反垄断、治慵懒的手段会不断强化，这使公务员和事业单位的身份不再像过去那样光鲜，公务员坐享其成的局面被彻底扭转。2015年的国家公务员考试关注度明显开始下降，公务员报考人数下降7.5%，创历史最低点。与此同时，中国越来越多的年轻公务员决定离职，踏上独立自主、坚持创业的道路。

二　下岗潮

下岗，是20世纪90年代出现频率最高的词汇。

下岗的基本解释是指离开执行任务的岗位。在20世纪90年代，下岗一词有了中国特色的含义：国企职工因裁减人员等原因失去工作。1998—2000年，全国国有企业共有下岗职工2137万人。

在下岗潮之前，很多国企职工过着“单位人”的生活，其最大的特点是“高福利低工资”，吃喝拉撒、教育、医疗、养老……一切都由单位来搞定，个人并没有什么财富积累。在很多国企集中的城市，工厂几乎就是城市的主体，比如，黑龙江省齐齐哈尔市富拉尔基地区，如果把工厂厂区和职工住宅区去除在外，整个地区可能只剩下一两个公园。在这里，所有人的生活都是整齐划一地进厂上班和下班。

歌曲《杀死那个石家庄人》也许是对当年国企工人最真实的描述：

> “傍晚6点下班，换掉药厂的衣裳，妻子在熬粥，我去喝几瓶啤酒，如此生活30年，直到大厦崩塌……”

当时下岗潮爆发的城市，出现了自发组织的劳务市场，求职者胸前挂着牌子，上面写着诸如“水暖工”、“电工”等自己擅长的活计，一有人走过，求职者就追问：“要不要人，要不要人，干什么都行！”对于没什么技能的男性，干得最多的就是保安、门卫。

当然，这都是十几年之前的情况。

而笔者需要强调的是，十几年前下岗的这些职工，他们的生活并没有想象的那么糟糕！很多人从那个时刻才开始反思，我究竟还能做什么？我能为社会创造什么价值?

因此，很多人重新谋了一份工作，在那一轮经济浪潮中，他们才真正地找到了自己。如今，中国国企面临改制，我们一定要做好迎接第二轮下岗潮的准备。同时，我们一定要明白国企改制和下岗潮是后来经济起飞的基础。

在“大众创业、万众创新”的召唤下，中国正在加强对创业和创新的扶持力度，比如，如何调动大家的劳动积极性。中国创业热潮正如火如荼，新企业正以创纪录的速度如雨后春笋般涌现。中国人的事业价值观正发生一场更全面的转变。以马云为代表的创业领袖的经历正鼓舞着这一代中国年轻人。

你会发现以前很多坐享其成的职位福利正在被削弱，终于，我们发现公务员、事业单位、银行等铁饭碗职业，也不再那么受追捧了。现在年轻人早已不再将铁饭碗作为首选工作，而是热衷于自己开公司。

对于许多70后、80后来说，他们曾经梦想考入名校、跨入国企，捧上铁饭碗，这在当时也被认为是最好的归宿，但是他们的选择在这个日新月异的时代，都遭受了滑铁卢。

这就是时代在进步。10年后，公务员将成为“公共事业服务人员”，它需要有热心和公益心的年轻人。与此同时，社会上所有的机会都是开放的，能者居上。每个人都可以努力寻找自己在社会的最优位置，充分发挥个人特长，追求自己的理想，此时社会的运作效率进一步加快，而互联网会给这一切的效率加速，今后信息越来越对称，地域界限会越来越模糊，它将使人尽其才，物尽其用，中国的商业文明进一步走向强大。

到了那时，年轻人的思维更加开放，选择也变得多元化。一个更加公平、开放、包容的社会中，每个人都将凭借自己的努力获得尊重，而不是依靠岗位赢得耀眼的光环。

三　人性的激荡

但是，我们不得不思考的一个问题就是人对稳定的向往。

铁饭碗之所以被向往，其实就是人对安逸和稳定的追求，尽量不用去奔波和奋斗，可以每天享受生活。贪婪是人性，慵懒也是人性。中国有句古话叫居安思危。说明古人就意识到了安稳背后隐藏的危机。铁饭碗被打破，其实意味着今后的社会，一个人想有存在价值，就必须时刻去创造价值。

居安思危，居危也要思安。开拓和稳定是辩证存在的，一旦放弃稳定，勇于开拓，就相当于给自己努力去创造一个可以去安稳的环境。

更有意思的是，两者甚至是迭代更新的。

我们都知道江浙人是最早顺应时代呼唤、大胆闯荡的一批人，而如今在经历时代的洗礼后，江浙一带的父母对孩子们最大的期待就是两个：早结婚，考公务员。即使是家里有企业需要传承，他们也更愿意聘请职业经理人，而不是让自己的子女继续走创业之路，他们想让下一代进入体制内，比如，银行、大学、机关单位。

与此同时，在广大中西部地区的人们，尤其是一生坚守了一份职业的人，他们任劳任怨的同时，更希望自己的孩子能够出去闯荡，给他们带来新的风景。

这也是一种平衡。不同地域、不同背景、不同身份的人联系在一起，由纷乱趋于平衡的过程，然后打乱，再趋于平衡。

但是时代越激荡，人们越向往稳定。我们还会发现这样一个事实：无论我们的父辈经历什么样的生活，一旦物质上已经可以自给自足，他们总想让自己的孩子能够稳定下来生活。

很多家长奋斗一生，收获了丰厚的物质财富，接下来的目标就是想让他们的孩子早点安定下来。很多年轻人也在不断拼搏，无非也是为了可以在城市立足，买上一套房子，过上稳定的生活，也是想让自己稳定下来，这就是人性。

这里面还隐藏着一个规律：当一个人、一个家庭、一个国家逐渐开始趋于平衡态的生活，增长必会受滞，饱暖思淫欲，接下来就是腐败。如果每个人都想过安逸的日子，如果社会的机制可以让每个人都过上安逸的日子，那么整个社会就会停滞不前。

但是，这个时代不会再给安逸以机会。

在未来更加激荡的世界里，变化会更多、更猛、更快、更不可测。即使你选择在一个公司上班一辈子，那么可以告诉你，中国中小企业的平均寿命是2.97年，其实不仅公司命短，行业的命运也如此。如果25岁参加工作，65岁退休，那就是40年。即使世界五百强的寿命是40年，但你进入五百强的概率有多大呢?

所以，你一定要明白，未来不可能不换工作，人生一定会至少换5 ~ 7份工作，而且换2 ~ 3个行业。未来的竞争会更多，选择也会更多，处事不惊是必备的素质。

而90后这一代人面临的环境和竞争，会远远超出笔者这一代人的经验可以理解的范畴。

或许只有在这个风云变幻的时代，我们才明白梦想为何物。

第五章

全球格局

CHAPTER 05

第一节　全球性格

任何一个群体都会演绎出不同性格的个体，比如，班级里的学生、队伍里的士兵、企业里的职员，都是性格各异。我们今天探讨的是在地球这个大家庭里，几大家族的性格特点，从而窥见世界趋势。

世界上有五大洲、四大洋，散落着200多个国家和地区，生活着2000多个民族。总体上来说，日本人认真、德国人严谨、美国人创新、犹太人精明、中国人高明、俄国人崇尚武力，在世界性格图谱上都很“耀眼”，且泾渭分明。

一　日本的认真

凡是认同日本这个国家的人，都很赞赏认同日本人的认真。有人说日本人做事认真到愚蠢的地步，餐馆洗盘子一定要洗7遍。

鲁迅先生这样回忆藤野先生：“从头到末，都用红笔涂改过了，不但增加了许多脱漏的地方，连文法的错误，也都一一订正。”然后痛彻心扉地写道：“中国的四亿人于今都害有病，马马虎虎病，这种病如果不医好，中国是很难得救的，想找一找医这种病的药，却发现在日本人那里有，这就是日本人的认真。”

除了认真之外，日本人还有个特点就是极度缺乏安全感。这导致他们自卑又自负。日本四面临海，人口稠密，空间狭促，能源极度匮乏，却又处于太平洋火山地震带，就像一艘在大海飘零的孤船，日本人甚至担忧家园随时都会沉没海底。

因为充满危机感，日本人推崇集体主义，喜欢抱团取暖。集体凝聚在一起一致对外，敢于不断地变革学习，开放扩张，持续动态地创新进化，这将会是一种很可怕的力量。明治维新以后，日本人民努力学习吸收世界先进文明成果，逐步发展成为亚洲第一个现代化国家，以有限的国土资源创造出举世瞩目的发展成就，第二次世界大战后日本提出"贸易立国"，到20世纪80年代又提出"科技立国"，加上美国人的倾力扶持，日本崛起惊人。在制造业、信息、金融、物流等领域位居世界前列。

但是，《菊花与刀》的作者鲁思·本尼迪克特说，"日本这个民族很容易在行为上从一个极端转为另一个极端"。就像菊花与刀一样，日本的民族性格既尚雅又尚武，既谦卑又自负，既封闭又开放，既有万物俱灭的末日之殇又有伟大航道的征服之心。

日本民间流传着一种说法，称日本民族是中国田横五百士的后裔。而当他们败亡时，日本士兵无一人投降，或自杀或全部战死，亦可悲可悯。所以，日本社会存在非常强烈的"耻感文化"，是一个不宽容失败的国家，这种耻辱感一方面让日本人做事更加严谨认真，另一方面对企业创新，特别是年轻人创业却是一种致命的桎梏。对于初创公司的创业创新，一定的失败率是不可避免的，甚至是值得赞赏与鼓励的，对失败的宽容度代表了一个国家的创业创新力度。

曾有项对世界13个国家18 ~ 30岁的年轻人做工作方面的调查。在调查中，回答"对创业不感兴趣"的日本人高达58%，在受调查的13个国家中最高（中国仅为6%）；回答"考虑将来创业"的日本年轻人为29%，在受调查的13个国家中最低（中国为40%）；回答"职业目标是创业"的日本年轻人为10%；而当被问到什么是事业成功时，选择"获得稳定的工作"和"在工作上的满足"的日本年轻人均高达49%。日本年轻人的思考模式强烈倾向于回避风险。一旦获得安全感，便固步自封，安于现状，终身以企业为家，安全感就会成为慵懒的同义词，这时再没有好的激励机制，这注定就是一人、一家、一国丧失活力的开始。

除此之外，在日本的大企业普遍实行终身雇佣制、年功序列制，这更加强化了日本的年轻人在大企业工作的安全感，日本人希望通过自己的勤奋工作成为公司的终身雇员，日本人忘我舍家，乃至到了为工作而癫狂的地步，“效忠公司”是他们的人生信条。失业在日本人眼里是丢人现眼的事，被大公司解雇，不仅意味着今后生活艰辛，而且意味着身份的跌落。因此，日本人最忌讳“解雇”两字，为了保住饭碗保全面子，日本人一般都会不要命地干活，玩命地服从，常常显得唯唯诺诺。现在的日本年轻人，对集体组织会极度依赖，且也更向往去大公司上班，顺从公司意志，信奉“灭私奉公”的精神。

所以，日本可以短短30年经济复苏成为全球第二大经济体，也可以瞬间丧失活力和创新竞争力，进入持续低迷期。

二　德国的严谨

每一个民族的性格都跟这个民族发源的环境有关，德国的严谨也不例外。日耳曼人发源于德国中部地区。这里纬度较高，光热不足，多的是森林和平原。他们经常要抵抗寒冷和饥饿，心灵深处一直打着深刻的悲观烙印，于是形成了严肃、保守、自省、谨慎的性格特点。

当普鲁士国王统一德意志帝国时，要求民众抛弃“农民”形象，像英国人、法国人那样“有尊严地生活”。所谓的“普鲁士精神”在这时形成。近100年来，德国一直处于动荡不安之中。从“一战”和“二战”的失败，到长达40年的冷战，造就了德国人内心深处潜移默化的不安和恐惧感，这使得他们坚定地认为，一切事物和人都必须是可以量化的，可以用形式体现的，必须做得最好。

当你走进德国的大型超市，会看到每种蔬菜、水果几乎有着一样的大小尺寸，售货员甚至保证其中误差不会超过5%；有些豆角的包装上甚至会标出弯曲度，从90°、75°到60°不等，用以区分产地、成熟度等特点。当你走进德国人的厨房，会看到各式各样的锅、盆和工具，无论处理哪种食材，他们都备好一定的专属工具，甚至每一道菜该放多少水、多少油都要用量杯一一测量，这时你会怀疑德国主妇在厨房里不是在做饭，而是在做化学实验。

德国人凡事都必须有周密计划。德国人常说，“准时就是帝王的礼貌”。在德国公交车站，站牌上不仅标有首尾班次时间，还写着一天中每一班次的时间，精确到几点几分。

“德意志不是一个轻举妄动的民族，一旦走上任何一条道路，就会坚忍不拔地把这条路走到底。”德国大诗人海因里希·海涅所言准确地表达了德意志民族的这一特点。比如，科隆大教堂始建于1248年，直至1880年才由德皇威廉一世宣告完工，耗时超过600年。德国人用这种“慢工细活”打造了最完美的哥特式教堂。在德国各城市还有250万座“木桁架屋”，最古老的已有900年历史。虽然年代久远，但因设计科学，保养得当，至今仍深受民众喜爱。

德国工人个个训练有素，都经过至少三年半“学徒制”专业培训，仅拧各种螺丝就要学习几个月。即使是售货员等低端工作，也要经过多年职业训练并考核合格才能上岗。在100年前，“德国制造”是英国议会通过的侮辱性商标法条款的规定，将劣质的德国货与优质的英国货区分开。而如今“德国制造”在世界上树立了响当当的口碑。

德国人有一种匠心，痴迷于具体的产品。坚信人类无论如何创新，都颠覆不了对产品的需求，颠覆不了对优秀而稳定的品质的需求。所以德国人喜欢制造、选择制造，他们相信在任何环境下，各个国家发展的各个阶段，都离不开制造。所以他们希望将制造做到世界第一，成为我们生活中不可或缺的重要部分。

当然，凡事都有两面。也有很多人认为德国人的严谨是“古板和教条”，他们总是在意看得见、摸得着的东西，这导致他们对新兴事物缺乏敏锐度，比如，互联网。虽然德国人扛起了工业4.0的大旗，但是面对互联网这股世界浪潮时，德国人遇到了很大的挑战（详细论述可以参考笔者的另一部作品《工业4.0大革命》）。

三　以色列的穷则思变

世界上有这么一个民族，它的民族苦难史可以跨越3000多年，非常孤苦、凄惨，还伴随着奴役、颠沛、歧视和屠杀。俗话说，吃得苦中苦，方为人上人。这个民族自强不息，可以在世界上独舞，它就是以色列。

以色列，希伯来语意为“与上帝角力者”，一个敢与上帝角力的民族，一个肆无忌惮的较真者，或许正是这个民族被很多民族千年来所嫉恨、不齿的缘由。

以色列与日本有一点相像，就是同样缺乏安全感，在以色列千年发展史中，确实充满了各种苦难，正是这种生存的不安全感、危机意识和进取精神增强了以色列民族的聚合力。再加上人口极少，他们不得不强化个体，无视一切等级观念。他们对知识的渴求、对失败的宽容、对未来的向往，使他们不愿意苟活于世。

穷则思变，由于独特的灾难和遭遇，犹太人对金钱的理解不同平常。通常情况下，金钱被视为一种决定生活水平程度的物质力量，但在犹太人眼中，金钱的意义不仅在于决定着生活水平的高低，而且常常更决定着生活的本质——生活的权利。

也就是说，犹太人往往视金钱为生命的一种根本性的保障力量。犹太人每每受到异族的桎梏和胁迫时，唯有金钱可以帮助他们在一定程度上释减这种外来的压力。由于犹太人须用钱购买生存的权利，因而犹太人须努力挣钱。正是在这种压力之下，犹太人的获利意识和获利技巧都得到了突出的锤炼和强化，以至今天犹太商人往往被视为成功商人的榜样。

更好地生存就成了以色列创业、创新的第一动力。以色列面积只有日本的二十分之一多一点（等同于1.2个北京市，0.2 个浙江省）。号称上帝的应许之地《旧约》里那个“流着奶和蜜”的地方，其实大部分土地被沙漠覆盖，马克·吐温说“这里寸草不生，死气沉沉”。但苦难的以色列人却让这样的一个弹丸之地成就了世界创业、创新的典范。

巴菲特曾经评价以色列说，“如果你来中东是寻找石油，那么你可以忽略以色列，如果你是在寻找智慧，那么请聚焦于此”。到2014年，在美国纳斯达克上市的以色列公司数量已逾80多家（中国至今加上港澳台为128家），超过全欧洲的总和。在过去10年间，以色列新生企业诞生7027家，死亡2882家，存活4145家，企业的存活率高达60%，大部分为互联网与生物科技公司，平均每1800个以色列人就有一人创业，人均创业世界第一。

但是，物极必反。因为过于看重金钱，以色列人基本没有对一个事物保持长期专注的耐性，他们多数只活于当下，这也是以色列创业者和投资者都会将公司快速卖掉套现的主要原因。犹太民族几千年来从来没有过对一个国土辽阔、民族众多、文化多元的国家进行长期管理的经验，所以以色列企业没法本土化，必须走向全球，但又面临自身复杂管理能力不足的问题。

2014年以色列内阁批准了犹太国家法案，将以色列定义为只是纯犹太人的民族国家，将“民族”与“国家”绑定，犹太人不仅有公民权利还有民族权利，但非犹太民族的以色列人就只有公民身份。这完全不是大国格局，也注定其永远势单力薄。因此，以色列民富而国不强，这也是犹太民族最大的悲哀。

四　美国的霸权

美国是世界上最为开放和创新的国家，这种性格跟美国的地理环境有什么关系呢？

1893年，美国历史教授杰克逊·特纳提出了一个惊世骇俗的观点，他认为美国自由革新精神的源泉不是法律理论，不是判例，不是传统，也不是国家或民族的血统，而是因为美国的西进运动（美国西部移民的大开发运动）。

因为西进运动，移民们源源不断地去开拓殖民西部的广袤土地，从而造就了美国人的敏锐、好奇心，实用与创造性，变通能力，以及善抓要点，缺乏美感却有利达成结果的能力。个人主义开始居于统治地位，在那片没有任何束缚的土地上制造了规则和制度，也注入了活力。但是大批印第安人遭到屠杀，西进成了一条"血泪之路"。杰克逊·特纳认为："只要有殖民边疆的存在，人们就会发展出这样的特质。"

而实际上不仅仅是美国文明，包括早期欧洲殖民者对世界的掠夺，从而促进工业革命的发生，整个人类文明的进步，都主要是从殖民开始的。文明和殖民是一对孪生兄弟，就如同苦难和幸福一样。

美国形成了世界上最完善的创新机制，包括法律、政策、金融市场、人才培养，等等。自从20世纪以来，几乎所有的科技进步，50年代的半导体材料、70年代的微型计算机、80年代的生物工程技术、90年代IT产业的兴起，无一不是在美国产生，实现了新技术产业化并创造出巨大的经济效益。

美国依靠开放和创新，攀到了地球食物链的最顶端，美国人只经营两件事，即金融和互联网。美国人很清楚，自己的创造性应展现在"指挥"上，而非"生产"上。他们将"生产"环节不断外包给全世界其他国家，通过货币、金融、大数据、信息持续占领世界最高点，成为了如今的世界霸主。

那么，中国究竟凭借什么可以和"霸主"美国相抗衡呢？

仰观天文、俯察地理，中国人的聪明与智慧都用在了掌握事物变化的要领上，所以中国文化的精髓在于"变通"。最大的原则就是没有原则。中国最善于出奇制胜，绕过规则被视为一种手段。中国人的性格特点可以用“高明”二字来概括。

中国文明自成一体，古代人们的生活环境相对同期世界上其他人们来说最为宜人与舒适，所以这里的生存压力更多不是出于探索远方，导致中国一直相对封闭，分久必合，合久必分，不断轮回，所以中国从来不考虑对外扩张、侵略。但是，中国偏重于内部派别的斗争，此外就是继承延续，崇尚勤劳与实用主义，再加上善于变通，于是就形成了很高深的处世哲学。

中国人精于人术、权术和道术，而不会精于技术、法律与未来。因此中国文化的特征是重人轻事。缺少客观、理性的土壤，就很难发展科技创新，直至被西方文明野蛮地打败。打败意味着打破，接下来将形成一个新的平衡，中国开始学习和吸收外来文明，尤其是改革开放以来，这种融合开始加剧。

但高明毕竟是高明，这种高明体现在大处就是善于“整合”，借助外力，为我所用。比如，中国的高铁就是依靠极高的谈判技巧和铁腕的手段，把世界上最先进的技术整合成具有中国特色的高铁项目，遥遥领先世界，彻底改善了中国的交通，方便了中国人的出行，并开始向国外出口。

而在未来，中国需要不断完善这种“高明”，变“高明”为“文明”，只有这样才可具备引领世界的潜质。

最后再来看看中国的邻居——俄罗斯。

五　俄罗斯人的崇尚武力

“50年前，列宁格勒的街头教给我一件事——如果打架无法避免，你必须先动手。”——普京。

从地理位置上看，俄罗斯地跨欧亚两洲，历史上先受蒙古人的征服奴役，学到东方式的野蛮与强悍，后又受到西欧工业文明的挤压。一部俄罗斯历史就是一部战争史。

1240—1480年，蒙古人以风扫残云般的铁蹄统治俄国240年。蒙古人是世界上最令人畏惧的战斗部队。每个蒙古战士都有2 ~ 3匹战马，这使他们行动迅速、耐力非常。俄罗斯的冬天没能阻止他们前进，在蒙古大军的铁蹄下，莫斯科及其东北的苏兹达尔、弗拉基米尔等一个个城市被征服。蒙古200余年的统治，使得俄罗斯出现了各民族大融合的局面，普遍的民族通婚，使俄蒙血液混合，给俄罗斯文化打上了深深的蒙古文化烙印。

蒙古人的征服也让俄罗斯人惊异于这种野蛮方式的功效。当他们彻底摆脱了蒙古人的统治之后，便借着从敌人那里学到的野蛮和强悍，不停地向外扩张征战。历史上他们与蒙古人、突厥人、波兰人、瑞典人、普鲁士人、法国人、德国人都打过仗，但是这些军队最后都败在了俄国人的手下。不可一世的拿破仑和穷凶极恶的希特勒都是在俄国遭受重创而失败的。这些都说明，俄罗斯军队无疑是世界军事历史上最有战斗力的军队之一。

仅从1462—1553年，俄国领土就迅速从43万平方千米扩大到280万平方千米，一跃成为欧洲幅员最大的国家。以后又经过历代沙皇，尤其是彼得大帝和叶卡捷琳娜二世的封疆扩土，使俄国从一个封闭的内陆国扩展为四面都有出海口的强大国家，第二次世界大战后期，俄国终于成为世界一霸。

由于地处欧亚两洲，融合两种文化的俄罗斯民族在心理上左右摇荡、乍寒乍热。极端性是其鲜明的民族文化心理特点。俄罗斯人在处理事情时不会选择任何妥协的方案，所以他们比较爱打架。俄国思想家尼·别尔嘉耶夫曾经说过，俄罗斯人是极端主义者，他们要么全要，要么什么都不要。俄罗斯著名学者德·谢·利哈乔夫院士也认为：“俄罗斯民族是一个极端性的，从一端迅速而突然转向另一端的民族，因此，这是一个历史不可预测的民族。”

在实施自己的意图和想法时充满狂热，为了前进而不惜狠狠打击并摧毁旧的一切。例如，俄罗斯人曾经以极大的热情毁坏教堂、庙宇，而现在却又极力地恢复它们。由此可见，俄罗斯人不懂中庸之道，具有鲜明的非此即彼、极端跳跃的特点，容易跟外界发生冲突，并崇尚用武力解决问题。

面对苏联解体后国势一再衰落，俄罗斯人为失去对大片领土和居民的控制权而痛心，渴望有一位强有力的人物领导俄罗斯重振昔日雄风。但是俄罗斯虽然拥有大块大块的“肌肉”，却在经济建设方面太落后了，只能算是一位“肌肉男”，俄罗斯想要走向强大，必须熬过经济复苏的冬天。

第二节　世界格局的演变

历史上所有的大国在崛起过程中，都有围绕它的崛起展开的全球化运动。这意味着全球化不是一个从历史到今天一以贯之的过程，而是各有各的特色。所以，无论是古罗马全球化，还是大秦帝国的全球化，今天看来，都只能算是一种帝国扩张的区域化过程。

真正的全球化是从近代的航海时代开始的，从此人类已经经历了4波全球化，分别是：

（1）航海主义时代（全球化1.0）

（2）殖民主义时代（全球化2.0）

（3）霸权主义时代（全球化3.0）

（4）多极时代（全球化4.0）

公元1400年以后的200年间，欧洲绘图人笔下的几大块陆地宛如正在成长的胚胎，逐渐由模糊的团状，演变成我们今天所熟悉的清晰可见的模样。

正是从那个时候起，割裂的世界开始连接在一起，经由地理大发现而引发的国家竞争，拉开了不同的文明间相互注视的同时也相互争斗的历史大幕。不可思议的是，开启人类这一历史大幕的，并不是当时欧洲的经济和文化中心，而是偏居在欧洲大陆西南角上两个面积不大的国家——葡萄牙和西班牙。500年前，它们相继成为称雄全球的霸主，势力范围遍及欧洲、亚洲、非洲和美洲。

有意思的是，此时中国明朝郑和的船队已经七下西洋，比欧洲国家航海时间早了几十年，而且声势和规模浩大。费用支出相当于当时国库年支出的两倍。而且每次下西洋人数在27000人以上。而当时西方哥伦布、达伽马、麦哲伦航海的人数分别在90 ~ 150人之间。但郑和下西洋不是为了开拓贸易，而是为了宣扬皇帝的德威。郑和死后，中国人的身影就在海洋上消失了，也在历史大潮中消失了。

航海时代大大促进了世界贸易，世界上存储的物资开始向最需要它们的地方流动，形成了第一次全球化，这就为后来的工业革命打下了基础。工业革命的发生又促进了资本主义的产生，在资本原始积累时期，大都采取赤裸裸的暴力手段，如武装占领、海外移民、海盗式的掠夺、欺诈性的贸易、血腥的奴隶买卖等。主要通过自由贸易形式，把不发达国家、民族和地区变成自己的商品市场、原料产地、投资场所，以及廉价劳动力和雇佣兵的来源地，于是世界又形成了一次野蛮的全球化，也就是殖民主义时代。这次全球化，大英帝国走上了全球霸主之位。

大英帝国的全球化是贸易的全球化，而美国秉承了大英帝国的衣钵之后延续了一段时期的贸易全球化，而真正具有美国特色的全球化，是美元的全球化。

第二次世界大战后，当时全球接收的是被战争重创几乎瘫痪的欧洲和亚洲两大经济体，以及虽然获得独立但却一穷二白的落后区域。为应对这种局面，当时美国执行大规模援助计划，比如，马歇尔计划（欧洲复兴计划）。在援助期间，西欧各国通过参加经济合作发展组织（OECD）总共接受了美国包括金融、技术、设备等各种形式的援助合计131.5亿美元。这不仅消化了美国的产能，支持修复了欧洲和日本两个产业转移副中心，还迎来了战后长达20年的所谓资本主义“黄金时代”，一举奠定了市场经济牢不可破的世界格局和演进路径，也正式开启了全球化3.0时代，成就了美国的霸权主义。

物极必反，如今全球经济发展停滞，美式的霸权主义陷入一片泥潭。事实上，2008年美国金融危机已经对全球化形成了永久性的伤害。根据IMF（International Monetary Fund，国际货币基金组织）的测算——全球经济仍然未能走出危机，按照以前的经验，下跌之后通常都有一个强烈反弹然后逐渐回归的曲线，而这次危机唯一的例外是下跌之后再没有恢复。贸易方面更是如此，贸易正是全球经济增长的火车头。危机前世界贸易增长通常都是GDP增速的一倍，而危机以来贸易增长的速度低于全球实际经济增长的速度，这在以前从来没有发生过。

如今投资下降，贸易下降，全球资本流动下降。这是为什么呢？答案是明显的——由于美国的制造业回流和能源独立，使得它的需求总体内卷化，这就导致对全球其他经济体（包括制造国和资源国）涓滴效应下降。涓滴效应指的是：在经济发展过程中并不给予贫困阶层、弱势群体特别的优待，而是由优先发展起来的群体通过消费、就业等方面惠及贫困阶层或地区，带动其发展和富裕。

这才是全球化停滞和世界经济复苏乏力的根本原因。在美国主导的全球化3.0时代，一般都是美国经济好，大家都跟着乐。而现在美国再也无力成为全球经济的火车头，全球经济也处于衰弱式增长的阶段。

此时的中国也不能独善其身。已经出现普遍的过剩产能，在500种主要产品产量中有220种居世界前列，钢、铜、煤炭等在过去高投资的增长方式下保持了较高产量，至今产量仍居高不下。当投资的边际报酬持续下降，投资增速开始下滑时，过剩产能将影响到中国经济增长。再鉴于当前国内需求疲弱，短期要消耗高产能较为困难，这时拓展海外需求却大有可为。

此时中国经济和世界经济高度关联。中国也早已开始潜心总结这30年的成败得失，在努力进行内部调整的同时，也开始对外进行地缘布局，2013年中国国家主席习近平分别提出了建设“新丝绸之路经济带”和“21世纪海上丝绸之路”的战略构想，于是“一带一路”的国家战略应运而生。

“一带一路”连接欧洲和亚太两大经济圈，沿线60多个国家、94个城市。从中国连云港出发，到荷兰阿姆斯特丹闭合成为一个圆环。沿线地区总人口约为44亿，经济总量约为21万亿美元，分别约占全球的63%和29%，是目前全球贸易和跨境投资增长最快的地区之一。这将成为世界上跨度最大、最具发展潜力的经济合作地带。

历史总是惊人的相似，这个规划同当年的美国援助西欧的马歇尔计划有着相似的逻辑和背景，但目标不同，引导的世界格局也大不相同。

“一带一路”旨在促进经济要素有序自由流动、资源高效配置和市场深度融合，推动沿线各国实现经济政策协调，开展更大范围、更高水平、更深层次的区域合作，共同打造开放、包容、均衡、普惠的区域经济合作架构。它彰显人类社会共同理想和美好追求。

全球化是从航海时代开始的，所以沿海地区、海洋国家先发展起来，陆上国家、内地则较落后，形成巨大的贫富差距。而且从全球化1.0的航海时代到2.0的殖民主义时代，再到3.0霸权主义的时代，这种传统的全球化一直都由西方引领，由欧洲开辟，再由美国发扬光大，形成国际秩序的“西方中心论”，导致东方从属于西方，农村从属于城市，陆地从属于海洋等一系列不平衡、不合理效应。

如今，“一带一路”将再度推动全球再平衡。“一带一路”鼓励向西开放，带动西部开发以及中亚、蒙古等内陆国家和地区的开发，提倡更加包容性的全球化发展理念，这将改变历史上中亚等丝绸之路沿途地带只是作为东西方贸易、文化交流的过道而成为发展“洼地”的面貌。这就超越了欧洲人所开创的全球化造成的贫富差距、地区发展不平衡，推动建立更加和谐的全球新秩序，毫无疑问，“一带一路”将是世界经济发展史上最大的创新。

而同时，“一带一路”又是亚欧大陆迫切需要的。这是因为旧有的全球化模式出现了重大问题。尽管上一轮全球化极大地推动了世界经济的持续增长，中国也是其中最大的受益者之一，但美国和美元主导的全球化3.0模式具有先天缺陷，单极货币和需求驱动容易诱发全球贸易和投资不平衡，具有先天的危机基因。

当然，要想真正地协调全球经济发展，还必须解决一个重要问题，那就是资本的注入。虽然中国已成为世界第三大对外投资国，但是还远远不够，中国必须组建一个新的全球资本中心，来调控全球资源进行国际经济秩序重建，于是“亚投行”应运而生。由中国在2014年提出筹建倡议，21个首批意向创始成员国在北京签约，共同决定成立“亚洲基础设施投资银行”，总部设在北京。

有意思的是，由美国引导的传统经济合作组织的很多成员国，也纷纷加入亚投行。比如，G20国家中的14席，西方七国集团的4席，金砖国家的全部成员都正式加入亚投行。

而美国一直认为全球经济秩序应该由它主导的国际货币基金组织（IMF）、世界银行（WB）和亚洲开发银行（ADB）“联合主演”。中国另起炉灶搞“亚投行”，是对全球化3.0时代秩序的挑战，于是开始阻挠亚投行。比如，美国通过美国驻韩大使馆向韩国政府通报称“美国对韩国加入AIIB一事深感忧虑”，并明确谈到“韩国加入AIIB，会导致韩美长久积累下来的友邦互信受到影响”。除此之外，美国还向其盟友施压，比如，印度尼西亚、澳大利亚。但关键问题是，这些国家也希望能够融入到一个新的国际秩序中去。

欧洲一直认为美国主导的全球化3.0时代的经济秩序存在缺陷，由于欧洲和中国没有地缘政治龃龉和现实利益冲突，亚投行对欧洲充满吸引力。2015年3月英国正式申请加入亚投行，成为首个申请加入亚投行的主要西方国家。随后，德国、法国、意大利三国也申请作为意向创始成员国加入亚投行，截至2015年4月15日已有18个欧洲国家加入亚投行。

世界正由霸权主义到多元化发展，这就是全球化4.0的多极时代，中国正在发挥重要的引领作用。建立新的国际经济秩序是时代和历史的必然性，“一路一带”和“亚投行”就是为这种必然性开辟道路的平台。

全球化的多极时代将合力实现全球经济深度一体化，促进全球资源更大效率的流通，使全球虚拟经济和实体经济从不对称复归对称，这也将是消除全球金融危机根源的重要途径。

因此，中国决不可以放弃“亚投行”的领导权与主导权。中国有比其他国家优越的理念、定位、机制、运行模式。中国对亚投行的顶层设计是着眼于与国际潮流，与历史趋向合拍，也是对一家独大的经济格局优缺点的扬弃，中国有责任使全球经济进入新常态，为人类文明做出自己的贡献。

中国反复强调“一带一路”和“亚投行”的开放性，这正是在吸取旧秩序的经验和教训。全球化4.0的多极时代不是要塑造一个平行的霸权结构，而是想改进全球化3.0时代中因为个别国家一股独大、“有钱任性”导致的全球结构难以治理和优化的缺陷。这也是“先边缘再中心，先增量再存量”的中国自身改革的经验和灵感的发挥。

在美国主导的全球化3.0时代格局下，中国通过30年的努力打拼，以血汗工厂起家，以牺牲环境和市场为代价，终于成长为一个大国的“坯子”。中国终于将可以引领世界进入到多极时代。

在这次全球化4.0升级中，中国必然会布局全新的对外利益策略。中国以贸易加深跨国经济联系，以投资输出产能和资本。而同时中国拥有全球最大的待开发市场，足以吸引全球最优质的产品。电子商务是支撑自由贸易、线上交易的基础，也将是未来自由贸易的载体。无论是WTO还是TPP（Trans-Pacific Partnership Agreement，跨太平洋伙伴关系协议），今后全球贸易都将逐渐转移到线上进行，依托中国电子商务的强大优势，今后中国将成为世界产品的分销中心。

中国将以各类跨境电商为跳板，塑造一个国际结算中心，酝酿新的货币工具，即从传统的货币交易转为电子交易为主，并在这两个过程嫁接人民币国际化战略，最终实现人民币国际化的战略布局。这是顺应历史大势所独创的一招，前无古人后无来者，这也是为什么"互联网+"可以成为国家战略的重要原因，而跨界电商也将迎来发展的黄金10年。

中国可以在维持原来的大循环（即传统的三个世界——资源国、消费国、生产国的格局）基本不变的情况下，全力布局小循环，即以中国为核心—周边国—资源国（包括非洲）—科技国（美国）—品牌国（欧洲）的新动力格局，进而构造对外交往的全新利益格局，突破原来的三个世界和G2的格局，打破以中国制造、美国消费为主的循环圈，从输出廉价的中国制造，升级到输出工程、服务、产能、投资和资本，以致最终的货币——人民币国际化，参与全球货币竞争。

但是，中国引导的这次全球化并不会一帆风顺。美国主导的TPP（跨太平洋伙伴关系协议）、TTIP（跨大西洋贸易伙伴谈判），都是在与中国抢占全球贸易新规则的制定权。在TPP协议达成一致后，奥巴马发表评论称，美国不允许中国等国家来书写全球经济的规则。TPP协议将制定21世纪全球经济在众多领域的规则。关于世界自由贸易，请看本书的相关章节，这里不再赘述。

所以，斗争是不可避免的。历史总是在不断地重演，一切归宿似乎冥冥之中自有注定。面对当今之局势，我们总能从历史上找到借鉴。

战国时期，齐、楚、燕、韩、赵、魏、秦七雄并立。当时东部的齐国和西部的秦国最为强大，齐国是传统强国，而秦国是后起之秀，经历商鞅变法和几代明君才强大起来。秦和齐形成东西对峙，其他五国穿插其中，时而对抗时而联合，外交活动频繁，矛盾错综复杂。

后来面对秦国的不断强大，以齐国为首的六国从南向北联合起来，对秦国成包围之势，称为“合纵”。而秦国为了破招，采取了“连横”活动：逐个沟通许诺，远交近攻，孤立各国，然后各个击破，最终统一了中国。

所以，现在的世界局势很明朗，美、日拉拢了一群经济优势国家，正在同中国和俄罗斯分别抗衡。虽然，不管是俄罗斯还是中国，短期内都很难与美国对抗，但是G7的联合包围很容易让中俄被迫实现政治军事联合。翻翻俄罗斯和中国的历史，就会发现这两个国家的生命力都很强大，拿破仑和希特勒都曾向俄国发起侵略，但都失败了，而且酿成了自己的终身失败，中国就更不用说了。

俄罗斯强大的治国战略，加上中国超级的经济实力，两者互为补充，就会成就一个超越此前任何国家集团的庞大的政治军事经济联盟，这也是可令任何组织不可轻视的巨大力量。

有意思的是，总会有国家被沦为牺牲品，大乱之年，你不可能总想着善始善终。就好比战国时期一样，韩、魏、赵等国家处于“合纵”和“连横”的夹缝中摇摆不定，时而被秦迷惑，时而又想抗秦自保，如今的西方国家何尝不是如此？

2015年12月1日，IMF（国际货币基金组织）宣布将人民币纳入SDR（特别提款权：货币篮子），该决议将于2016年10月1日生效，这为人民币国际化扫清了剩余障碍。获得了IMF背书，有利于增强各国对人民币资产的信心，并大大加快各国央行将人民币纳入外汇储备资产的进程。

人民币纳入SDR是一个重要里程碑，是对中国改革进程的认可，人民币达到了“自由使用”标准。从这个意义上来说，现在，中国算是集齐了所有的大国重器。从此，可兑换、可自由使用的国际性货币，是人民币在接下来5年将为之奋斗的。

而同时，“人民币跨境支付系统（CIPS）相当于通过一条‘支付高速公路’将全球人民币使用者联结起来。”中国与这些贸易伙伴之间可以非常方便快捷的用人民币来结算贸易，不仅安全，而且还没有经过美元倒手的中间风险，人民币国际化越来越近了。

全球化4.0时代正在来临，中国迎来了最大的机遇和挑战。再对比下战国那段连横破合纵的历史，就好像两盘棋，棋局有异曲同工之妙，只是棋子大了一点而已，但再强大的国家，也不过是历史这盘棋的棋子。这个世界上只有一种棋局无法破，那就是“规律”！我们始终坚信一点，那就是谁能顺应时代潮流，谁才可以成为真正的赢家。

第三节　金融战争

一　金融战争的原理和逻辑

2015年12月17日，地球的两端正在发生着两件大事：中国召开了世界互联网大会；同时美联储也正式宣布加息。很少有人意识到这两件事情背后的联系，其实这是一场明争暗斗的较量，即中国和美国正在划分新的世界势力范围，那么这背后的逻辑是什么呢?

首先，未来的世界格局变化很大程度上都将是由中国和美国这两个国家互动引导的。中国和美国一东一西、一上一下，不仅仅处于地球的对立端，而且分别处于不同的经济变化周期、不同的历史盛衰周期，两者此消彼长，碰撞不可避免。美国和中国正在用不同的方式引导世界，其互动关系越来越微妙。

其次，由于中国和美国处于不同的经济周期，2015年中国经济开始步入萧条期，陷入了改革开放以来经济最低增长率时期，中国2015年以来5次降息降准就是为了刺激资金的流动，也就是让资金在国内流动而不是外流，即让资金产生一个内循环，从而刺激国内萧条的经济，因为越是经济危机时期越需要资金去投资和建设。而此时美国开始全面复苏，美国经济一旦复苏，就需要资金去发展。但是这些钱从哪里来，答案肯定是需要美联储加息回流了。于是有了12月17日凌晨美联储宣布加息，这也是美联储近10年来首次加息。而这个举动也促使美国和中国正式进入完全对立的阶段。

如果想读懂这背后的逻辑，必须先了解传统的“金融战争”。当今世界文明与野蛮并存！所谓文明，是大规模杀伤性战争不再那么轻易爆发，所谓野蛮，是弱肉强食的丛林法则开始趋向于“暗战”，当“金融战争”取代了“世界大战”，大国间开始合纵连横，小国开始靠边站队。但无论是大国还是小国，棋局一步走错，立刻分崩离析。

国家的前途在于政治人物的英明，民众的前途在于大众百姓的明智。我们不妨从源头上梳理一下“金融战争”的原理和逻辑，让每一个人都彻头彻尾地了解这场棋局。

（1）美国不是一个国家

首先，我们来看一下国家的本质。当今社会，国家主要分为社会主义国家和资本主义国家。两者的根本区别在于政权代表谁的利益问题，如果代表资本的利益，其政权就是资本主义政权；如果代表广大人民的利益，这就是社会主义政权，而这就是美国和中国的区别。

在美国，如果做生意赚钱了就是富豪，富豪再上升就变成财阀，从而成为资本大鳄，享受尊贵的社会地位。而在中国，政治系统和商业体系是隔绝的两套系统，从商基本无法从政，从政基本不可能从商。在美国，最富有的人可以决定着美国法律的制定，而中国的政治从来不会被商业所牵制。

其次，我们再来看看美国的本质。美国其实不是一个国家，美国既不属于美国人民，也不属于美国政客，而是属于美国金融财团的，说白了就是属于大资本家的。美国的资本家坐在幕后，操控着世界的金融秩序。它不是政治性的，只是经济性的，资本家只有一个目的，那就是敛财。即美国只是一个方便资本家们随意掠夺其他国家财富装进自己口袋的集团。

那么，资本通过什么操控世界呢？当然是货币。银行家梅耶·罗斯切尔德曾说："只要我能控制一个国家的货币发行，我不在乎谁制定法律。"只要让美元成为世界通用货币，这些资本家就可以操控世界。用自己掌握的"货币"让发展中国家干活，把世界各个国家变成它的金融殖民地，享受世界人民的供养。

这里有一个前提，就是美元必须成为全球通用货币。美元霸权是通过先让美元跟"黄金"挂钩，然后再跟"石油"挂钩这两个步骤来实现的。1944年7月，美国建立了布雷顿森林体系，但是美元全球通用货币的地位不是那么随便上位的，当时由于美国掌握了全球四分之三以上的黄金储备，于是对全世界做出承诺：每35美元兑换1盎司黄金。有了这个承诺，美元就不能随便滥发，因为美国每多印35美元，它的金库里就要同等储备1盎司黄金。

1973年10月，美国又迫使石油输出国组织（欧佩克）接受了一项条件：全球的石油交易必须用美元结算，石油是必备能源，每个国家必须用它来发展生产，这就进一步巩固了美元的地位。

当美元成为全球通用货币之后，美国就通过印刷的方式从全世界获得实物财富。不过请注意，每一张美元都出自美联储之手而不是美国政府，这就是资本主义社会的实质。美国政府没有发行货币的权利，只有发行国债的权利。美国联邦储备委员会简称美联储（Federal Reserve System，简称Fed），相当于美国的中央银行，职能是维护金融体系。“联邦”其实是一个私人银行家和大企业集团的组织，也就是说是纯粹的私人组织，不受政府控制。美联储所有的高层都是这些集团的首脑，然后美国政府从这些首脑中“任命”主席。

美国政府和美联储的关系是这样的，美国政府向美联储“贷款”美元，让它作为货币在美国和世界范围内流通，而以美国国债作为抵押。同时，美国每年缴纳的数量最多的税费是个人所得税，而这些钱没有装进政府的腰包作为财政预算，而是直接进入美联储的账户，作为美国政府“贷款”美元使用的利息。从1913年美联储成立到2013年的100年间，美联储一共发行了10万亿美元。

那么这个金融财团的力量有多强大呢?

我们知道美国总统林肯，林肯被暗杀不是因为他废除奴隶制度，而是因为他所提倡发行的“绿币”，这是打破美国银行家发行货币的第一次尝试，林肯总统以国家信用为基本发行了“绿币”，但是他被谋杀了，“绿币”随即被废除。

美国总统约翰·肯尼迪，曾签署总统令11110号发行白银券，想以白银券来结束银行家们操纵的美元体系，于是他也被暗杀了。而总统令11110号和白银券之后也被废除。

披上了国家的外衣，就有了合法性，再戴上人道主义者的面纱，人们就看到了各种闪耀的组织，比如，各种富豪慈善家、基金会、和平协会、捐助基金、人权观察，等等。在这些组织的配合下，资本家可以制造国际新闻公众舆论，以控制世界和资源，推动美国实现完美统一世界的理想。

美国不能无节制地发行美元，让美元不断贬值，所以要节制。但节制后手中没有美元了，怎么办，那就发行国债，通过发行国债又让出去的美元重新回到美国。美国人开始玩起一手印钱，一手借债的游戏，印钞能赚钱，借债也能赚钱，以钱生钱。回到美国的美元，进入美国的三大市场——期货市场、国债市场和证券市场。然后再以资本的形式向海外输出，从而操控其他国家的各种产业，这样循环往复地生利，美国由此变成了一个“金融帝国”。

“金融殖民”是一种更加透彻的殖民掠夺方式，悄然无声，杀人不见血。那么“金融战争”的逻辑又是怎么样的呢？

（2）金融战争的逻辑

金融战争的逻辑是美国掌控全球通用货币，先走量化宽松（QE）之路，用大量货币涌入其他国家，推高这个国家的经济，使该国物价飞涨，然后忽然釜底抽薪，在泡沫最大的时候突然缩回，使该国物价迅速下降，很多资产变得廉价，这时美联储开始加息，促使国际资本回流，美国再来抄底收购，通过一涨一缩变相侵占了该国资产，这就是金融战争的逻辑。

当每次美联储宣布加息，货币的翅膀轻微一抖动，也许就会发生一场大风暴，有可能是一个国家的货币崩溃，有可能是一个国家的股市崩盘，有可能是一个国家的房地产崩塌，也有可能是某个地区发生了一场战争。那么战争到底又和金融存在着什么样千丝万缕的联系呢？

二　战争与金融的关系

（1）阿根廷“马岛海战”

我们先来看看阿根廷这个国家是如何遭遇毁灭性打击的。

2015年12月17日，美联储刚一宣布加息0.25，第二天晚上九点半，阿根廷比索崩溃性大跌41%。不到24小时，一个国家的货币就这样崩溃了。

而早在1982年爆发于阿根廷的“马岛海战”就是一场赤裸裸的“金融战争”，我们来回顾一下当时的情形。

从1973年之后美元指数就一直在走低，也就是说，美联储在走量化宽松路线，美元印得很多，共持续接近10年时间，这使美元的供应量大增，这些美元去了哪里呢？拉丁美洲。美元给拉丁美洲带动了投资，从而造就了20世纪70年代拉美的经济繁荣。

直到1979年，美元指数开始走强，这说明美联储决定关掉泻“美元”的洪闸。于是正在欣欣向荣的拉丁美洲，突然间资金链条断裂了，美元大量回流到了美国。这使1981年阿根廷通货膨胀率高达600%以上，国内生产总值（GDP）下降到11.4%，制造业产量下降为22.9%……

1982年4月到6月间，英国和阿根廷为争夺马岛（阿根廷称之为“马尔维纳斯群岛”）的主权而爆发的一场战争。

这时的美国当然希望战争升级，因为只有这样才能给阿根廷制造更加混乱的场景，才能让全球的投资者判断拉美地区投资环境要恶化，从而从拉美撤资，所以美国立刻宣布支持英国。

此时的美联储看到时机已到，立刻宣布美元加息，加息后的美元加快了资本撤出拉美的步伐。从拉美撤出的资本几乎全部到了美国，去追捧美国的三大市（债市、期市、股市），给美国带来了美元与黄金脱钩后的第一个大牛市，当时美元指数从弱势时的60多点一口气蹿升到120多点。美国资本家又趁机重新回到拉美去购买那些此时价格已跌成“白菜”价的优质资产，狠狠剪了一次拉美经济的羊毛。

然后一直到了1986年，美元指数第二次又开始走弱之后，长达10年的时间内，美元又像洪水一样向世界倾泻。也就是说，美国又准备去剪世界的羊毛了，那么这次又是哪里呢？是亚洲。

（2）东南亚金融危机

先来回顾一下“亚洲四小龙”的概念，它是指从20世纪80年代开始，亚洲的中国香港、新加坡、韩国和中国台湾推行出口导向型战略，重点发展劳动密集型的加工产业，在短时间内实现了经济的腾飞，一跃成为全亚洲发达富裕的地区。

而出口导向型的本质其实就是可以轻松通过产品来获得充足的美元。这些外向型经济的国家对世界市场的依附很大。而究其本质，其实是美国通过强大的经济后盾在亚太地区建立起一个资本主义的统一战线，韩国、日本、中国台湾直至东南亚，都成为美国的经济附庸。这是东南亚地区和国家的经济迅猛发展的根本原因。

当亚洲经济一片繁华、欣欣向荣的时候，1997年也就是美元被打开闸门流向亚洲10年之后，美国开始减少对亚洲的货币供应，于是这些亚洲国家的企业和行业遭遇流通性不足，有的甚至干脆资金链条断裂，亚洲出现了经济危机和金融危机的征兆。

这时一个叫索罗斯的金融投机家，带着他的量子基金和全世界上百家的对冲基金，开始群狼般攻击亚洲经济最弱的国家——泰国，攻击泰国的货币——泰铢。

对于一个“金融家”来说，他这样描述自己的行为：“在金融运作方面，说不上有道德还是无道德，这只是一种操作。金融市场是不属于道德范畴的，它不是不道德的，道德根本不存在于这里，因为它有自己的游戏规则。我是金融市场的参与者，我会按照已定的规则来玩这个游戏，我不会违反这些规则，所以我不觉得内疚或要负责任。从亚洲金融风暴这个事情来讲，我是否炒作对金融事件的发生不会起任何作用。我不炒作它照样会发生。我并不觉得炒外币、投机有什么不道德。另一方面我遵守运作规则。作为一个有道德和关心它们的人，我希望确保这些规则是有利于建立一个良好的社会的。”

其实从这里也可以看出来，所谓的“金融危机”其根源在于其制度，资本天生就具有增值性和扩张性，资本对于金钱的追逐是一种天性的行为，其实质就是资本主义永远都摆脱不了的危机。

由于泰铢在国际市场上是否要买卖不由政府来主宰，而泰国本身并没有足够的外汇储备量，面对金融家的炒作，泰国经济不堪一击，泰铢危机爆发。并且立刻产生传导效应，一路向南，传导到马来西亚、新加坡、印尼、菲律宾，然后北上传导至中国台湾、香港地区，日本，韩国，一直传导到俄罗斯，东南亚金融危机全面爆发。

此时全球投资人判断亚洲的投资环境恶化，便纷纷从亚洲撤出自己的资本。而美联储则又一次不失时机地吹响了加息的号角。从亚洲撤出的资本又一次回到美国去追捧美国的三大市场，给美国带来了第二个大牛市。

当美国挣够了钱以后，仍像在拉美那样，拿着他们从亚洲金融危机赚到的大把的钱又回到了亚洲，去回购亚洲跌到底价的优质资产。而中国此时也承受了巨大的压力，坚持人民币不贬值，所以没有受到冲击。

为什么人民币不贬值就不会冲击到中国呢？人民币不贬值的实质其实就是让大家手里的人民币不要通过各种方式变成美元的资产，这样就可以防止人民币变成美元外流。这也是对美联储加息的一种抵御。

角逐还在继续……

1999年1月1日，欧元正式诞生。欧盟是一个27万亿美元的经济体，它涵盖了当时世界上最大的经济体北美自贸区（24 ~ 25万亿美元规模）。这么一个庞大的经济体从此不再用美元结算，这对于美元霸权来讲毫无疑问是一个打击和挑战。所以说美国即使不是意欲除之而后快，也一定要打击。3个月之后科索沃战争爆发了。

（3）科索沃战争

科索沃战争爆发之前，大约有7千多亿美元的热钱在欧洲流动，这些热钱在欧洲找不到落地的地方，不敢落地。为什么呢？因为不敢投资，一旦投资，战争打响，投资环境恶化，投资可能就收不回来，追逐利润、追求利润最大化是所有投资者的目的，但是既要追求利润最大化，同时还要追求安全获利，如果不能安全获利则宁可不投资，这也是投资者的信仰。

1999年3月24日，以美国为首的北约凭借强大的军事实力，在未经联合国授权的情况下，对一个主权国家肆无忌惮地进行了长达70多天的狂轰滥炸，而且丧心病狂地轰炸了我国驻南联盟使馆。

既然欧洲发生了战争，那么这7千多亿美元中有4千多亿立刻从欧洲抽走，其中2千多亿到了美国。更为关键的问题是：打仗之前欧元和美元的汇率是1∶1.08，战争打响后，战争还没有打完欧元的发行价爆破，欧元跌幅达30%。

（4）轰炸中国驻南联盟大使馆

2千多亿美元资金到了美国，支持了美国的经济繁荣。但是还有2千多亿美元到了中国香港。香港怎么能消化这么多钱呢？显然是想进入中国大陆。那不就支持中国经济发展了吗？于是这个时候发生了一件事情：1999年5月美国“误炸”中国驻南联盟使馆。

这下又把中国推向了风口浪尖，似乎又处于战争的边缘，让投资者认为中国将不够稳定。仅仅一个星期之后2千多亿热钱从中国香港抽走，最后又去了美国，4千多亿热钱全部流到了美国。

然而仅仅两年之后的一天，2001年“9・11”事件就爆发了。“9・11”事件是发生在美国本土的最为严重的恐怖袭击行动，遇难者总数高达2996人。联合国发表报告称此次恐怖袭击对美经济损失达2000亿美元，相当于当年生产总值的2%。美国的投资环境又恶化了。

（5）阿富汗战争

“9·11”事件发生之后两个月不到，阿富汗战争就打响了，这其实是不符合美国的战争规律的。1980年之后美国连打了四场战争，除了阿富汗战争之外的另外三场战争，美国的战争准备时间都是半年时间，这意味着美国打一场局部战争需要半年的准备，但是阿富汗战争是个例外，阿富汗战争不到两个月就仓促打响。

既然美国知道打一场局部战争需要准备半年时间，那为什么不准备充分一点再打阿富汗战争呢？因为美国的战争和金融有直接的关系，因为这时是“9·11”事件发生之后不久，大量的资金撤离美国，全球的投资人突然对全世界最安全的投资环境产生了质疑，美国是全球金融的中心，纽约是美国金融的中心，而华尔街是纽约的中心，世贸大厦是中心的中心，它居然让恐怖分子给轰炸了，谁还敢对美国的投资环境持有信心呢？

这个时候大量的资金撤离美国，没有钱怎么行？所以美国迫切需要一场战争，需要用这场战争打回全世界投资人对美国的信心。果然如此，当阿富汗战争打响之后，当巡航导弹落在阿富汗的时候，道琼斯指数立刻回升，大量撤离的资金立刻回到美国，华尔街一片叫好，这场战争重新打回了全球对美国的信心。因为美国人说你不是认为我的投资环境不安全吗？但是我打一场战争给你看，以此证明美国仍然是最强大的，这就是美国的军事手段如何为它的经济服务的。

三 “危机”四伏

（1）2008年美国次贷危机

到了2002年，美国又开始故伎重演，此时美元指数再一次开始走弱，然后时刻为美元指数转强做准备……

但很不巧的是，美国自己在2008年遭遇了次贷危机。既然玩金融可以轻松赚钱，谁还愿意辛苦地去做附加值低的制造业？所以美国早就放弃了实体经济而转向虚拟经济，已经变成了一个空心化的国家。

2008年的次贷危机进一步深化为金融危机。当时流行一句话“为了利润，可以让想象插上翅膀”。这是美国20世纪30年代“大萧条”以来最为严重的一次金融危机。

（2）欧债危机

为了转嫁危机，美国先瞄准了欧洲。因为美国依然对排名第二位的欧元怀恨在心，所以就准备先去洗劫欧洲。

当年美国利用希腊急于加入欧盟的心理，让高盛公司为希腊掩盖了一笔高达10亿欧元的公共债务，从而使希腊在不符合要求的情况下，得以加入欧盟。2009年12月，希腊的主权债务问题凸显，2010年3月进一步发酵，开始向欧洲四国（葡萄牙、意大利、爱尔兰、西班牙）蔓延，至此欧债危机全面爆发。

这背后的原因是：当金融出现危机时，各国政府就会纷纷推出刺激经济增长的宽松政策，而高福利、低盈余的希腊无法通过公共财政盈余来支撑过度的举债消费。此时资本家为了降低风险，需要去杠杆化，而政府却需要增加杠杆。希腊政府的财政原本处于一种弱平衡的境地，由于金融危机的冲击，恶化了其国家集群产业的盈利能力，公共财政现金流呈现出趋于枯竭的恶性循环，债务负担成为其不能承受之重。

欧债危机的本质其实是美国次贷危机的延续和深化，政府的债务负担超过了自身的承受范围，引起违约风险，美国三大评级机构则落井下石，连连下调希腊等债务国的信用评级。2011年7月末，标准普尔将希腊主权信用评级下调到了“CCC级”（接近违约级），意大利的评级展望也在2011年5月底被调整为负面，继而在9月份和10月初标准普尔和穆迪又一次下调了意大利的主权信用评级。葡萄牙和西班牙也遭遇了主权信用评级被频繁下调的风险。主权信用评级被下调使上述四国借入资金的利息变得相当高，金融危机的本质也可以理解为整个社会信用的崩溃。

此时在欧洲的欧元资本被抛弃换成了美元。但是由于美国也处于危机中，出于各种担心这些资本没有回到美国，而是在中途换成人民币进入全球实体经济唯一没有出现动荡的经济大国——中国。

四　中国及世界局势变化

（1）中国GDP飙升

此时的中国，已经成为从全球吸引和获得投资最多的国家，经济规模比整个拉美还要大，相当于整个东亚。而过去的10年里，大量国际资本由于看好中国经济进入中国，这使中国的经济总量不断增长。

这些资金都转换成相应的人民币发行到国内，也就是说，有多少美元进来，就会对应多少人民币。此时我们又推行了4万亿元刺激计划，中国地方政府正在和银行一起投资拉动GDP增长，这些资金最终进入到了以房地产行业为主，以及铁路、公路、机场等政府项目上，因此2008年中国楼市刚出现短暂下调，资金一进来立刻开始了新一轮的推高，直到2013年为止。而同时中国也一跃成为全球第二大经济体，房价也高不可攀。

2014年9月底，美联储宣布美国退出QE，美元指数开始掉头走强，10月初中国香港“占中”事件爆发，美国又制造出中国投资环境恶化的现象。

于是中国的美元便开始减少，导致人民币也逐步缩减，国内流动性资金进一步缩紧，这导致企业贷款困难，无力再发展，尤其是中小房地产公司和煤炭、钢铁等产能过剩企业从信托公司借的巨额债务无力偿还，开始连续出现了信托违约。

而房地产仍然需要巨量的资金，于是只能靠高利息借贷。而银行为了弄到钱，也开始互相拆借，银行间隔夜利率飙升，借钱利率超高，最后这些债务都转嫁给了购买理财产品的老百姓。于是爆发了后来的“钱荒事件”，存款无法取出，此时是2014年。

这种情况一旦严重，就会发生恐慌挤兑，后果不堪设想。但是中国部分银行破产是必然的事（这一点我们已经在前面金融改革这一章节里做了详细论述），因此国家出台了银行保险制度。这一制度不再为破产的银行兜底。一旦银行破产，就可以让保险公司赔付，并且50万元金额以上的储户只赔付一小部分金额，那么过往的巨额债务就能让这些储户承担，而低于50万元以下的大部分小储户是全额赔偿，所以不受影响，这就保证了社会上普通百姓的财产安全。

这时互联网金融的春天到来了，余额宝、理财通等新兴理财产品如雨后春笋，收益率曾一度达到7%。但是因为触及了传统银行的利益，被联合起来封杀，后来又降到了4%、3%不到。

美国此时开始抄底收购中国资产了，包括钢铁国企、中石化、国家电网等国有企业，以及阿里巴巴、百度、腾讯等互联网巨头都在借入美债，仅某著名互联网企业一家就借入了80亿美元，也就是说，一部分美元在外逃，而一部分美元作为债务进入，这与股市里庄家的拉高出货何其相似。可曾想到，这些借入的美债将来还不起是要靠变卖你的股权来偿还的。一场较量下来，我们有多少互联网企业都被外国人控股了！

所幸的是，中国有了一个强权有力并且真心为国的新政府。央行开始定向降准，中央也开始严控三公消费，查处腐败来维持财政平衡，地方政府通过加紧收税来维持开支。但是故事还没有结束，美国又开始瞄准中国的股市。

(2)中国A股暴跌

时间定格在2015年6月26日，这终将是载入A股历史的一天，也是最惨痛的一天，逾2000支股票疯狂跌停，沪指暴跌7.4%，深成指暴跌8.24%，创业板指暴跌8.91%。本次股灾以来，两市流通市值减少了22万亿元，每位投资个体平均损失近24万元。2015年10月份以来的10个交易日，净卖出65亿元以上。

更为曲折的是，眼看这一轮美国剪羊毛又要成功了，但是大量的资金好像并没有进入美国推动美国的繁荣，而美国也一再推迟宣布升息。事实上，美国的量化宽松是一把双刃剑，假如美国是实体经济为主，量化宽松的大量资金就能进入实体行业，支持国内消费，提高出口，那么流动性过剩是对国家经济发展的利好。但是，就像我们前面所言，美国造就了抛弃制造业只经营金融和信息产业的怪相。

尽管这几年奥巴马一再呼吁制造业回归，但是大量的资金还是进入了美国的股市，道指5年间从6000点飙升到了18000点。相当于5年70万亿美元资金进入了美国股市。

美国量化宽松只有不到10万亿美元，到中国的只有1.6 ~ 1.8万亿美元。为什么能有70万亿资金入美国股市？这里我们完全可以想象，依然和次贷危机一样，美国股市是金融资本家用20 ~ 30倍杠杆构成的一个大型赌场。

除此之外，由于美元过度发行，作为美元体系信用基础的美国国债受到了质疑，故美元体系已无法支持美国长期以来的过度透支，这也是美元地位衰落的重要原因。

捍卫美元最强悍的武器是美军。要维护美元地位，就要牢牢控制石油，即控制中东局势，而拿下中东就必须先排除俄罗斯的阻挠，于是叙利亚被“引爆”了。

(3)叙利亚和ISIS

美国为了彻底巩固美元地位，必须加强对中东的控制权。伊朗必须及早地被消灭分化掉，但伊朗前面还有一个弱小的叙利亚，这时忽然蹦出来一个奇怪的组织ISIS（伊斯兰国），把中东搅得天翻地覆，然后叙利亚战争打响了。

仅仅是这种战争一触即发的态势，就使得美国原油亚市早盘一度飙涨近3%，盘中高点触及112.24美元，涨幅依然达0.91%至110美元。

美国又实施了它屡试不爽的伎俩，那就是扶持反对派对抗现政府。这一招总是那么省钱省力又有效果。幸运的是，叙利亚是俄罗斯在中东的代言国。美国出兵支持叙利亚反动派，而俄罗斯也已经出兵支援叙利亚政府，美俄双方只剩下正面较量了。

中东已经乱成“一锅粥”了，世界大国和地区强国在中东的角逐有增无减，成为地缘政治的“风暴眼”，而叙利亚危机更是“眼中之眼”。随着俄罗斯军事打击ISIS（伊斯兰国）行动扩大、俄罗斯战机被土耳其击落、土耳其军队进入伊拉克，地缘战略格局调整更趋复杂，外溢效应明显。美国为了维持美元走强态势，继续掌控石油美元经济体系，美国经营中东的战略意义远远大于打击ISIS本身。

中东问题已不可能由一国说了算，而是变成了一个大国的“圆桌”会议格局。如果美俄中东较量持续下去，博弈将更为激烈、复杂，这极有可能导致美国对中东主导权的不稳，从而对石油的掌控力度变弱。

（4）中俄联手

以美国为首的G7集团，曾对中国、俄罗斯呈合围之势。G7包括美国、日本、加拿大、法国、德国、意大利、英国。G7本来是一个经济合作组织，现在演变成了政治合股势力，因为G7集团关注的问题只有两个：一是在乌克兰问题上如何应对俄罗斯；二是在南海问题上如何对付中国。

欧美与俄罗斯又有能源暗战，俄罗斯的石油和天然气出口创汇占其出口总额的70%，但经济上过于依赖能源，80%的出口、70%的GDP和50%的财政收入都来自能源，而随着石油和天然气出口量的不断减少，俄罗斯经济一直呈现下滑趋势，这使俄罗斯经济面临巨大压力，更甚于苏联时期。俄罗斯在国际分工中已经沦为与沙特类似的纯资源国。美国总统奥巴马称其为“什么都不能制作的国家”。

虽然，现在无论是俄罗斯还是中国，短期内都很难与美国对抗，更不用说要与整个西方世界为敌了。但是G7的联合包围很容易让中俄被迫实现政治军事联合。翻翻俄罗斯和中国的历史，就会发现这两个国家的生命力都很强大，拿破仑和希特勒都曾向俄国发起侵略，但都失败了，而且酿成了自己的终身失败，中国就更不用说了。

美国利用大宗商品的定价权，大肆打压大宗商品石油的价格，做空卢布，削弱俄罗斯，为最后攻击中国做准备。但俄罗斯本身石油资源丰富，根据中俄石油供应协议，仅仅中国支付的预付款就已经能补足俄罗斯外汇储备的流失了，更何况还有4200亿人民币的货币互换，所以俄罗斯有足够的外汇储备来稳定卢布汇率。

由于美国的步步紧逼，同时交恶中俄两国，导致中国和俄罗斯开始了“孙刘两家联手抗曹”。中俄开始了紧密的利益绑定，在美欧的敌对关系渐渐形成之时，俄罗斯需要找到可靠的能源出口国。而中国在随时可能爆发的能源危机下，急需找到一个可靠的能源供应来源，再加上中俄的经济结构完全是互补型，又有一个共同的敌人美国，于是就一拍即合了。

俄罗斯强大的能源和战略核力量，再加上中国超级的经济实力，两者互为补充，就会成就一个超越此前任何国家集团的庞大的政治军事经济联盟，这也是令任何组织不可轻视的巨大力量。再加上中国“亚投行”和“一路一带”的实施，一旦形成欧亚大陆经济圈，美国就再也没有插手之地了。人民币和欧元联手同美元博弈，这使未来的世界格局更加充满看点。

我们先来回顾一下历史，其实西方资本集团对中国的掠夺，从清朝时就开始了，曾有人不断地歌功颂德美国人退还庚子赔款的“伟大举动”，而事实上这一举动的原因是来自八国联军司令瓦德西给各国首脑写的信，信中明确指出：义和团运动已经证明了中国是一个不会屈服于外来势力的民族，反抗不会停止，无论哪个国家都没有足够的兵力和精力来控制这个国家，因此他建议采取以中国人代理来统治和掠夺中国的手段。于是美国人投资建造了清华大学，美其名曰支持中国的教育事业。

按照当时规定该大学每年必须向美国派遣一定数量的留学生，美国伊里诺大学校长詹姆士在1906年给罗斯福的一份备忘录中声称：“哪一个国家能够做到教育这一代中国青年人，哪一个国家就能由于这方面所支付的努力，而在精神和商业上的影响换取最大的收获。”“商业追随精神上的支配，比追随军旗更为可靠！”当然，这都是他们一厢情愿而已，他们太小看中国人骨子里的自强了，在往后的日子里，这些留学美国的学生虽然学说英语，学美国的东西，即使在异国他乡却始终没忘记自己是中国人，后来纷纷投归祖国怀抱。

后来，中国开始军阀割据，西方经济集团以军火为贷款，让各派军阀必须以国家利益为抵押换取军火，当北伐战争开始后，他们又毫不犹豫地命令各国军队直接干涉北伐，制造了南京惨案，直到蒋介石背叛革命，向外国承诺中国政府可以继承北洋军阀以来所有的外债，这才让西方国家开始放弃它们支持的军阀而全力支持蒋介石，而这笔外债有多少呢？折合国币达744 447 593.98元，从1927—1933年，对有确实担保的外债，清偿本息达24 900余万银元，截至1934年6月，已承认并归入整理的达15 600万银元。西方的资本家们终于眉开眼笑了，当然，债务是永远还不完的，国民党四大家族一面借债，一面用国家利益来偿还，直到1949年借债金额高达3 068 000 000银元。

但是毛泽东领导的共产党是不会让华尔街的资本家平白高兴的，新中国刚诞生不可能就背负几十辈子都还不完的外债，所以司徒雷登必须走，这是真正意义上的废除不平等条约，中国的经济终于可以重新开始了。当然，美国最心疼的不是蒋介石政府的溃败，而是那些天价的贷款永远无法要回，因为逃到台湾的蒋介石凭借一个小岛永远无法偿还那些债务。于是新中国就在一片敌视的封锁中傲然挺立着，用自己的双手去建造自己的国家，无论路途多么艰难。

之所以引用那么多历史，就是想让大家明白一个事实：资本家最怕的是什么呢？是社会主义。银行家、金融家们最害怕的就是国家控制经济，国家控制金融，防止银行业和金融业左右国家。于是我们可以看到，当共产主义理论出现的时候，世界对它的恐慌远大于君主立宪制的复辟，所有企图尝试这种制度的国家都遭到了一切手段的打击。

虽然中国现在也遭遇了经济危机，但是中国政府正在竭尽一切力量扫清改革的障碍，中国这次调整过后，将成为引导世界多极化格局的重要大国。

（5）人民币加入SDR

2015年12月1日，国际货币基金组织批准人民币加入特别提款权（SDR）货币篮子，2016年10月1日正式生效。人民币成为继美元、欧元、英镑和日元之后，加入SDR货币篮子的第五种货币。特别提款权篮子中各货币的权重分别是：美元41.73%，欧元30.93%，人民币10.92%，日元8.33%，英镑8.09%。人民币在SDR货币篮子中的权重超过日元和英镑。这也标志着人民币成为第一个被纳入SDR篮子的新兴市场国家货币。

中国经济已经足够大，IMF按购买力平价计算已超美国成世界第一，按汇率计算也已是世界第二，超排名第三的日本一倍。如此大的经济体，货币的市场占有率却低得可怜，这显然与中国的经济地位不符，人民币需要走出去。

而实际上，就战略层面而言，人民币入SDR和“一带一路”战略是相辅相成和互相促进的统一体。“一带一路”就是在相关国家之间进行互联互通，此时如果人民币是一种国际化的货币，被投资国认可，我们即可直接拿人民币进行投资，可以想象利益有多大。这些投资要购买各种设备、物资，中国企业投资显然更多地会购买中国自己的产品，这对中国的出口和进口刺激有多大可想而知。国家之间的互联互通，又将带来巨大的贸易流和资金流，这对经济的可持续发展带来的动力不可估量。

现如今，世界正处于政治、经济秩序大重组的时候，美国在全球范围内不光是政治统治力快速下降，经济影响力也已经大幅下降，如今又恰遇全球性的经济危机，这也正是人民币进行国际化，中国进行金融、投资开放的最佳时机。

五 世界经济新格局

2015年10月5日，跨太平洋战略经济伙伴关系协定（TPP）取得实质性突破，美国、日本和其他10个泛太平洋国家就TPP达成一致。12个参与国加起来所占全球经济的比重达到了40%，TPP将对近18000种类别的商品降低或减免关税。

美国主导的TPP也被称作“经济北约”，它们是要取代WTO（世界贸易组织），其实就是企图将中国排除在世界贸易之外。中国是世界制造工厂，而制造工厂的出口来自于WTO，为了釜底抽薪地切断中国的发展之路，美国正在将其制造业转移到美国本土和墨西哥，日本和欧洲正在将制造业转向东南亚各国和印度。美国通过技术优势和政治外交优势，重新向亚太国家倾销美国的商品，并将亚太国家铸造成为提供廉价初级商品的基地，建立环太平洋美元经济圈，说白了就是重新换个游戏规则，让大家不跟中国玩了。

中国当然不会坐以待毙，各地自贸区正在一个个落成。

（1）中国自贸区

中国自由贸易区是指在中国境内关外设立的，以贸易自由化、便利化为目的的经济性特区。原则上是指在没有海关“干预”的情况下允许货物进口、制造、再出口。中国自由贸易区其力度和意义堪与20世纪80年代建立深圳特区和90年代开发浦东两大事件相媲美。

比如，上海自贸区、中韩自贸区。截至2014年11月底，上海自贸试验区一年投资企业累计2.2万多家，新设企业近1.4万家。

同时，中国已经成为韩国最大贸易伙伴国、最大出口对象国和最大进口来源国，韩国也已经成为中国第一大进口来源国和最重要投资来源国中国。2015年12月9日，中韩自贸协定（FTA）落地生根。

此时中日韩自贸区谈判也在进行中，一旦成功就包括中、日、韩和港澳台地区的整个东北亚自贸区。东北亚自贸区一经形成就意味着世界规模大约20多万亿美元的第三大经济体出现。

（2）跨境电子商务

人民币纳入SDR之后，人民币跨境支付系统（CIPS）相当于通过一条“支付高速公路”将全球人民币使用者联结起来。中国与这些贸易伙伴之间可以非常方便快捷地用人民币来结算贸易，不仅安全而且再也不需要用美元倒手。

人类为了进行国际贸易先后经历了航海、殖民和协议三大阶段，而如今已进入更高效的跨境电子商务时代。

如果说传统电商讲究的是线上、线下两两空间的连接，那么跨境电商讲究的则是用最快捷的方式买到世上最好的产品。报告显示，到2020年，接近半数的网上消费者会进行跨境网上消费。届时，跨境B2C电商消费者总数也将超过9亿人，年均增幅超过21%，形成一支强劲的数字消费大军。

2015年淘宝“双11”的912.17亿元交易额中，已有232个国家参与。尼尔森预测，到2018年，海淘消费者规模将达到3560万人，市场规模则将达到1万亿元。阿里、京东等都已把“全球购”、“购全球”作为新淘金热点。它们希望帮助中国消费者在国内就能享受到全球市场的优秀产品。

而相比其他零售形式，跨境B2C电商市场的增长速度是整体电商增长速度的2倍。上海、杭州、青岛等地充分利用跨境电商平台，打通了企业全球销售的新通道。商务部统计数据显示，2015年上半年中国跨境电商交易规模为2万亿元，同比增长42.8％，占我国进出口总值的17.3％。

同时报告也指出，预计2020年亚太区跨境B2C电商交易额占到全球的48%，到2020年，东亚跨境 B2C电商交易额将占到整个亚太区的86%和全球的39%。但是，以西欧（包括南欧）和北美为主的成熟市场却增速较慢。到2020年，中国将成为跨境B2C全球最大市场，这使得“买遍全球”成为现实。

这就是互联网带来的机遇，它改变了传统贸易的规则，也改写了世界的商业秩序，中国和美国正在这崭新的世界划分自己的势力范围，顺应这一机遇，第二届世界互联网大会在中国成功举办。

（3）世界互联网大会

2015年12月16日，世界互联网大会在中国乌镇召开。本次世界互联网大会期间，有个细节非常值得关注：习近平主席在阿里巴巴站台考察了10分钟，而马云在向习主席汇报过程中，又一次阐述了建立“e-WTO”的观点。马云今年密集走访美国、俄罗斯等国并多次呼吁建立“e-WTO”，即打造互联网大潮下的全球化贸易规则，以顺应当前电子商务飞速发展的时代。

2016年有可能成为中国制造整装待发的一年，如果跨境电商平台的规模能达到2000亿元，三年内中国的外贸经济将焕然一新。TPP这样基于政府层面的合作框架将被中国几十万家的企业像蚂蚁一样吃掉。

大家发现没有，这种基于传统政府合作层面的贸易组织将被互联网瓦解。不仅如此，忽然间我们发现，出门不用带现金了，存款不用去银行了，看电影不用去影院了，打车不用出租车了，买衣服不用去商场了……

如今整个中国经济的各个行业、各个领域，都在加速用互联网信息网络替代传统行业的信息网络。这种替代创新，不仅可以提升传统行业的运行效率、效益，甚至会改变传统行业的发展运行生态，迸发出新的能量，衍生出新的行业。

2015年的“双11”淘宝天猫912亿元的交易额，比美国同期感恩节三天网上销售和地面商场销售总额还高，与2014年相比更是增长了60%，中国电商的潜力绝不可小觑！

法国媒体早就声称，中国的互联网是世界上唯一没有被美国互联网大规模入侵的国家。而此时欧洲的互联网还一片沉寂，未来的较量将是中美的较量。在中国，很多场合的交易已经可用支付宝和微信支付完成，现金交易将越来越少，这也意味着互联网金融时代已经悄然来临。

这也是中国政府为什么把“互联网+”升级为国家战略的原因。世界互联网大会俨然成为一场高级别的国际政治、经济和互联网融合的大会。这次大会的嘉宾来自五大洲120多个国家和地区，包括20多个国际组织的负责人，以及600多位互联网企业领军人物，其中有8位外国领导人，近50位外国部长级官员。在这个世界上，除了美国恐怕也只有中国才能在如此短的时间内将一场行业峰会开办得如此风生水起，影响力如此巨大。

对于世界变化格局来说，美国是上一个局势的主导者，而中国是下一个局势的开创者。中国正在创办一个国际性的互联网交流平台，大家就互联网的共享、共治进行沟通，谋求共识，达成合作，通过这一系列工作最后实现共赢。这种思维其实就是中国对世界治理理念的实践。

全球互联网最发达的国家就是美国和中国，只是侧重点不同，这两个国家在互联网领域开疆拓土最多，占领了未来世界的最高点，也将引发一场新的“疆界”开拓运动。

（4）美联储加息

美联储在2015年12月16日宣布将利率上调25个基点，目标区间为0.25% ~ 0.5%，这是美联储近10年来首次加息。此次加息标志着美联储结束了保持7年之久的零利率政策，美国又要向世界回收美元了。这意味着，全球命中注定的货币紧缩之痛，终于要来了。

美联储每次加息和降息，对新兴国家来说，其实就是一次长羊毛和剪羊毛的轮回。美联储大规模发行货币、降息，抛出鱼饵就有鱼儿上钩，等到加息时就有经济体倒霉。吸食“货币鸦片”时有多快乐，紧缩时要戒掉“货币之毒”就会有多痛苦，甚至这种痛苦会被追加高额的利息。

接下来还会按照之前的剧情发展吗？

我们再来梳理一下剧情：20世纪70年代美国货币宽松，巴西等拉美国家大量借入美债，从1968年到1973年间，巴西国内生产总值年均增长率达10%以上，被誉为“巴西奇迹”。20世纪80年代美联储加息，引爆了拉美国家债务危机的导火索，巴西一夜之间一蹶不振，现在仍处于滞胀周期。

20世纪80年代末美国加息，则让西欧经济倒退了5年，日本经济倒退了15年。

20世纪90年代末美国加息，则让韩国和东南亚国家爆发了亚洲金融危机。

这基本上是一种铁律，逻辑仍然是成立的。

巴西以美元计价的债务规模居世界第二位，仅次于中国。过去10年，巴西公司借入数10亿美元的债务。美联储加息预期，使巴西货币雷亚尔兑换美元2015年以来暴跌了31%。美联储加息后，美元将进一步走强，对雷亚尔的涨幅还会继续扩大，巴西债务的困境将雪上加霜。

美联储实施近零利率期间，巨量的外国投资涌入土耳其，在2010年和2011年，土耳其的经济增长率高达9%。但2015年不一样了，美联储要加息，土耳其闹起了钱荒，2015年的经济增长率预期仅为3%。如果美元走强，土耳其将遭受更多痛苦，因为它进口的商品远多于出口，美元走强将会让土耳其的进口成本更为昂贵。再加上土耳其拥有近1250亿美元短期外债，约占其GDP的8%，美元一升值，债务凭空就多出很多。

不幸的家庭各有各的不幸。那些原材料、矿产、能源出口大国因为美联储加息将痛不欲生。因大宗商品以美元计价交易，美元走强，大宗商品的价格就会走跌。

当然，最具戏剧效果的是阿根廷。美联储加息第二天，阿根廷比索大跌41%，成为了第一只被剪羊毛的羊。

一个个泡沫，正在发出寒冷的光芒，可能下一刻就会刺破。多少国家正发出坐过山车式的哀嚎！

（5）美股暴跌

在美联储加息大上演之前，垃圾债券市场的崩溃将拉开全球债券市场的大动荡，而这仅仅是开始。垃圾债券市场收益率上升，从而会导致上市公司举债成本、回购成本上升，进而导致股市的下跌，美国股市将步入一次大熊市。

美国股市自从次贷危机量化宽松以来，已经创下了历史的新高，但是美国经济并没有恢复到次贷危机前，支撑美股走牛的一个重要因素是美国企业对上市公司股票的回购。随着美国进入加息周期，美国上市公司的发债成本提高，回购公司股票的成本也将提高，这样一来，支持美国股市走牛的一个驱动力已经减弱。

果然，美联储宣布加息之后，除了阿根廷这样的国家开始被剪羊毛之外，美股又开始大崩盘，2015年12月18日美国道琼斯指数暴跌2.1%，大跌367点，纳斯达克大跌1.59%，标普大跌1.78%，创下了8月以来最大跌幅。这叫杀敌一千，自损八百！

也就是说，美国如果想维持传统的“金融战争”的话，已经需要伤及自身了，这就好比武林绝学葵花宝典：欲练此功，必先自宫。

应当说美国股市是当前全球的一个大泡沫，这次大泡沫随着美国加息的到来逐渐会破灭，下跌30%很正常。美国股市实际上已经不是地上悬河，而是珠穆朗玛峰上的悬河。百万亿美元市值的美国股市，与之联系的二级市场不低于60万亿美元。美国整个金融市场不低于200万亿美元的市值，超过美国GDP十几倍。如此恐怖的泡沫正是美国头顶上的达摩克利斯之剑，一个巨大的旁氏骗局泡沫已经形成。一旦刺破这个泡沫，对美国的后果可能比20世纪20年代的经济危机还恐怖。

（6）中国崛起

美国这种传统的“金融战争”已经成为过去，没有任何一种惯用伎俩可以屡试不爽，尤其是面对世界变革的浪潮。世界上的事物总有客观规律，一座座看似牢固的城墙，总会被一个接一个地“攻陷”，慌乱和不知所措油然而生。

美国用加息和在世界热点地区制造动荡，让全世界的资金回归美国，接美国股市、债券市场的最后一棒，完成剪羊毛。但是世界经济不可能任由美国摆弄，一条蛇想吃下一只刺猬，哪有那么容易，尤其是中国。有中国这个10万亿美元经济体存在的时候，美元必然遇到挑战。2008年次贷危机的时候，中国GDP只有3万亿美元，机会只能错过，而今天中国已超过10万亿美元，这一次机会中国没有放过。

独立寒秋，砥柱中流，在美联储的货币霸权的黄色恐怖下，能够给予世界信心的，只有中国了。于无声处听惊雷！面对美联储加息、美元升值，中国打出了一记漂亮的上钩拳，也挥出了一记强悍的下钩拳。

中国打出的上钩拳，是出其不意的人民币贬值。当全球很多人认为中国人民币加入SDR，将提振人民币汇率的时候，中国央行却悄悄将人民币汇率中间价连续下调，最近以来，顶住美国的鼓噪，人民币兑换美元已经第十日贬值。这场贬值是在人民币离岸汇率保卫战之后，进行的一场悄无声息、出其不意的贬值，提前化解了美联储加息冲击波所蕴涵的势能。

中国挥出的下钩拳，即是人民币与美元说分手。2015年12月11日，中国外汇交易中心首次发布CFETS人民币汇率指数。汇率指数是一种加权平均汇率，用来综合计算一国货币对一篮子外国货币加权平均汇率的变动。以前人民币是盯着美元的，美元基本上是人民币的唯一标杆。汇率指数出来，则欧元、英镑、日元、港币等皆可为我所用。这样，可以更加全面地反映人民币的价值变化，不至于被美元一家牵着鼻子走。CFETS人民币汇率指数的出炉，说明人民币在加入SDR之后，决心与美元脱钩，避免被美元绑架被动升值。

对美元贬值和出炉人民币汇率指数，兼顾眼下和长远，体现了中国政府直面美联储加息的冲击，周密谋划，大胆出拳，正在资本流出和人民币贬值压力之间找到一条艰难的出路，在短期增长和长期稳定之间实现平衡。这又体现了中国政府的勇气和智慧！

目前，欧盟孱弱，新兴国家乏力，围绕美元加息的这场全球多空大战，谁胜谁负，最终将取决于中国。美元资本操纵全球资产价格的成败，取决于能否攻破中国这道巨大的筹码关口。

这就又回到了我们本章开篇讲到的两件事：在美联储加息妄图剪全世界羊毛的时候，中国却在乌镇筹划全球互联网合作大局。这几乎是一个新世纪的隐喻，即美国越来越空心化，越来越依靠战争机器和货币霸权来掠夺其他国家财富，逐渐走向全世界人民的对立面。中国则面向新世纪的机遇，积极投身电子商务、物流系统、社交媒体等信息产业，而且乐意与世界各国共享经验和繁荣。

一个是早晨八九点钟的太阳，一个是已近黄昏的夕阳。时间和命运，一定会站在中国这一边!

一旦美国出现危机，中国的小伙伴俄罗斯肯定会宣布石油弃用美元结算，改用欧元和人民币，欧洲将全面抛弃美国，人民币已经做好了大量的互换布局，必然上位，把美元拉下王座。

只要中国经济经过调整后上扬，就可以吸引国际游资，美国总有在最高点破位的时候，只要美股出现断崖式下跌，全世界只有中国经济能容纳那么多的游资，中国经济下一个发力的过程，也就是美国经济衰落的过程。此起彼伏，世界东升西落也是大势所趋，人心所向。

互联网正在改写这个世界的规则，人类即将跨入一个新的社会门槛，未来社会的财富载体不再只是货币而是大数据和信息流，这一点可以参考笔者另一部作品《工业4.0大革命》。中国的电子商务、物流系统、社交媒体等信息产业高度独立且日渐繁荣，中国政府倡导的互联网+，不仅在重塑世界商业格局，也必将深刻影响世界未来的政治格局，未来世界发展的方向是多元化和协作化，“和而不同”是中国对这个世界最好的设计。

第四节　中国的使命

一　曾经的辉煌

过去的中国，曾经雄踞世界GDP排名第一位的纪录长达1038年。在这

1000多年里，人类文明的重心几乎都集中在中国。

公元2世纪，中国开始使用纸张，而欧洲人在18世纪初还在羊皮上写信。

公元10世纪，中国开始使用纸币，而公元1661年瑞典才发行纸币，成为欧洲最早使用纸币的国家。

公元11世纪，欧洲最大城市威尼斯、佛罗伦萨等城市的规模都不到1万人。而中国当时北宋首都开封已经有施药局、慈幼局、养济院、漏泽园等福利设施，人口已经达到了100万。这时欧洲很落后，美洲未开发、非洲更原始。

公元13世纪，西方最繁荣的巴格达人口在30万～50万之间，而中国的杭州、苏州、成都都是人口超过百万的大城市。直到14世纪，伦敦也只有4万人，巴黎有6万人。当时西方最富裕地方的威尼斯人马可·波罗来到杭州，感叹杭州是世界上最优美、最高贵的城市。

当时中国华北的钢铁业年产就达125万吨，这是一个什么概念？公元1788年欧洲工业革命开始英国钢铁业的年产量才76 000千吨。因此宋朝中国GDP占全球GDP的80%，美国最高峰时也只占全球GDP的30%。

当时宋朝人可以用泥土烧成瓷器，轻易换来大批金银珠宝。这就是当时世界上的高科技，中国人用高科技挣钱，中国工匠是世界最高端的人才。但1000多年后，中国却依靠出卖廉价劳动力与资源生存。

文艺复兴以后，世界开始逆转。尤其是鸦片战争以后，中国开始走向衰落，人类文明的重心开始往西方集中。到了19世纪末，美国开始崛起，整个人类的经济增长和文明重心又都转移到了美国。中华民族迅速淡出世界舞台领袖地位。

“生于忧患，死于安乐。”中国在这接近200年忍受的苦难，是中国历史上绝无仅有的，这里就不再赘述了。

直到1973年重返联合国，中国终于有了在世界上露脸的机会。2010年中国GDP达到近40万亿元人民币（约合5.9万亿美元），相当于全球GDP的8.5%，超过日本成为全球第二大经济体。

穷则独善其身，达则兼善天下。2013年，中国相继发布“一带一路”国家战略，促成了欧洲和亚太两大经济圈，通过支援亚欧国家建设来消化产能，实现新的全球一体化，在全球化4.0的多极时代，中国正在发挥重要的引领作用，正式踏上大国崛起之路。送人玫瑰，手留余香。

“一路一带”搭建好了渠道，接下来只是资金的问题了，要找IMF和世界银行吗？那是缘木求鱼，因为这是美国、西方、日本的地盘。

宁做鸡头，不做凤尾。2014年中国倡议发起的“亚投行”正式启动了。

孔子曰：“有朋自远方来不亦乐乎！”亚投行的朋友圈已经到了57位成员国，光鲜亮丽成绩的背后，却是古典东方智慧的浓缩和升华的结晶。

孟子曰：“得道多助，失道寡助。”美国的坚定盟友英国反水一击，申请加入亚投行，意料之外却在情理之中。

天时地利人和，亚投行的多米诺骨牌效应迅速发酵。英国决定申请加入的一刻，是引进西方国家的催化剂，相继又一批西方朋友不远万里来到中国。

但是，没有永远的朋友，只有永远的利益。2015年9月3日，中国举行反法西斯胜利70周年纪念大阅兵。仅仅4天后，美国主导的TPP（跨太平洋伙伴关系协议）12个谈判国在部长会议上达成基本协议，企图将中国经济孤立于世界之外。

孙子曰：“兵无常势，水无常形”；能因敌变化而取胜者，谓之神。大国关系非常微妙。比如，2015年10月习近平主席访英，说明英国正在美国和中国之间做选择。老子曰：“上善若水。水善利万物而不争。”用中国哲学处理当今国际关系，治大国若烹小鲜。

历史是有周期的，国家也好，帝国也罢，运数皆是浮浮沉沉。无论从哪个角度来看，都能发现一个事实，即西方国家正在没落，东方中国正在崛起，正所谓“东风西渐”。以中国为代表的东方文明正在替代西方文明成为人类文明的主流。

而西方的欧洲是不可能梅开二度的。欧洲的高福利主义、欧元困境、创新不足，使它就像一个步履蹒跚的老人，生活在历史的记忆里，永远不可能再度青春。

美国也出现盛极而衰的现象，独霸全球的时代也一去不复返了。美国的这次衰落可能要经历100年以上。那么，中国的机会来了。

为什么笔者坚持认为中国会再次崛起呢？人类历史其实就是东方文明和西方文明之间相互赶超的历史，文明的背后则是国家治理体系和治理能力。

我们来分析一下中华文明的核心。

二 东风西渐

阿诺德·汤因比堪称20世纪最伟大的历史学家，他试图以其皇皇巨著《历史研究》揭开文明兴衰的谜题。汤因比认为人类的希望在东方，而中国文明将为未来世界转型和21世纪人类社会提供无尽的文化宝藏和思想资源。汤因比也预言：“中国文明将一统世界。”

人类只有走向一个“世界国家”，才能避免因民族的狭隘而导致的人类社会的灭亡，而西方社会不可能完成这样的使命。

这背后的原因是：在世界历史上，只有中国使用“天下”的概念，所谓“天下为一家”的思想，只有中国才有这样的胸怀。而西方在罗马帝国分裂之后就再也没有形成一个“天下主义”的国家来统一西方世界，民族国家和民族主义却是西方在罗马帝国分裂和灭亡之后西方历史发展的主线。

为了将世界带入一个统一的经济市场，西方文明在过去几百年对世界的不断征讨，借助经济上和技术上的领先优势，促进了全世界各国学习西方文明而自强。因此从经济上讲，西方世界在经济和科技上影响了世界，但从政治上讲，西方无法为世界建立一个统一有序，且符合全人类共同利益的“世界国家”。因为它们无法为世界提供永久和平的整合模式，更何况西方本身内部都无法统一。

而在未来人类的利益整合和利益协调的过程中，汤因比也非常不看好西方的民主模式。西方思想学者会坚信未来世界的统合方式是自下而上的民主，是人民自愿的。而汤因比以穿透5000年历史的深邃眼光指出，如果仅仅依靠国家和国家之间、地区和地区之间、社会和社会之间的民主协调，那么人类社会很可能在无尽的争吵和争端中走向衰落。

水木然点评：

在这种漫无边际、漫天要价的民主思潮下，在资本对利润的疯狂追逐下，人类会在无序化的工业扩张中灭亡。

汤因比也非常睿智地指出，人类历史上长时间的和平和“世界主义”国家从来都不是出现在民主协商之中，而民主的雅典恰恰在民主内部争端中而走向衰亡。

汤因比的观点特别值得我们在后美国时代和后西方时代深思，西方式的民主已经不能适应21世纪的变迁，曾经是人类制度文明象征的西方民主制度现在已经逐渐僵化和腐化，成为西方前进的障碍，以至于西方的一些学者已经开始意识到“后民主时代”将不可避免地到来。

如果再把西方的日渐势衰的多党竞争民主移植到“世界国家”的建立过程中来，那就真的要贻笑大方了。哥本哈根会议的失败已经让人们看到100多个民族国家一旦利益发生分歧，任何一个微小的协调都是那么困难，更谈不上要建立一个世界政体和世界国家了。

的确，20世纪后半期的人类，经历了两次世界大战无数生灵涂炭的教训，人类无论如何也是在向进步文明的方向上发展，汤因比当然知道现在的人类不能再像过去的帝国那样依靠武力来统一，因为在核武器时代武力统一就意味着人类同归于尽；而人类也绝对不可能依靠西方的民主制度来实现统一，那样人类恐怕还没有完成世界整合过程的百分之一，就面临着过度工业化和环境的空前灾难了。而西方文明在汤因比眼里看来是无法主导人类未来方向的文明，美国更是以罗马帝国“暴力征伐”的特征而演化成为一个军事主义的帝国，而这在汤因比——这个对人类古代的军事化文明多有研究的智者眼中，绝对是一个衰朽的文明的先兆。那么世界出路在哪里？

“如果制度演变是了解西方崛起以及非洲等地持久贫困的关键，那么同样，这一关键能否帮助我们了解有生之年会出现的最令人瞠目的趋势：大分流终结，并开启东西方角色互换的时代？我对此持肯定态度。”——著名历史学家尼尔·弗格森（英）。

三　世界的未来在中国

世界的未来在中国，中国的出路在传统文明。

为什么这样说呢？下面汤因比总结了八点原因。

（1）中国在漫长的21个世纪里，尽管也多次经历过混乱和解体，但是从历史的角度来看，中国人完整地守护了一个超级文明，长时间生活在一个文明帝国的稳定秩序中，中国模式作为一种区域的世界主义模式可以为今天的人类提供宝贵的经验。

（2）中国人在其漫长的历史中都保持着可贵的天下主义的精神，恰恰中国文化是距离狭隘的民族主义最远的。

（3）儒家的人文主义价值观使得中国文明符合了新时代人类社会整合的需求。

（4）在儒家和道家思想中都存在合理主义思想，使得中国人在漫长的时代中有分寸地建立和坚守着自己的文明。

（5）道家思想对宇宙和人类之间奥义的认识，以及对人类社会试图主宰宇宙的不以为然，恰恰是中国的道家为人类文明提供了节制性与合理性发展观的哲学基础。

（6）东方宗教和哲学思想中对于人与自然和谐的追求，以及反对针对自然和环境世界的统治和征伐欲望。

（7）以日本为代表的东亚民族已经显示了，亚洲人同样可以在西方人领先的领域赶上和超越西方人，如在经济和技术领域日本人所显示的卓越能力那样（那是20世纪的70年代，中国崛起的序幕还远远没有拉开）。

（8）中国有无数英雄志士在西方殖民者侵略面前展示了勇气和信心，这再次证明了亚洲人未来是可以领导世界的，关键是要将这样的勇气和信心转移到人类历史和人类新文明与和平建设领域。

四 中国在全球的责任

西方世界在罗马帝国解体之后发展出的是工业主义、技术主义，在政治上则是民族主义，因此西方征服世界的后果是各个非西方国家都建立了类似的工业模式。全球越来越有政治统一的需求，因为通过工业和技术的全球扩散，人类的命运已经不可避免地紧紧联系在了一起。而下一步的关键就要看中国了。

中国已经依靠文明的力量将亿万中国人民用情感纽带联系在一起，组织成一个以天下主义和世界主义为文明基准的国家。因此在汤因比眼里中国是真正的“文明国家”，比如，在很多古代人眼里，中国更是天下的意思而不是一个民族。

西方在经济和技术上影响和征服了全球，却留下了政治上的国家林立，这才是真正的历史难题。再者，如今资本主义和民主政治的无限扩张，已经不可避免地进入到“物壮则老，水满则溢”的阶段了，西方文明每往下走一步都将不可避免地走向自己的反面，文明的衰落在西方文明上得到充分体现。

这个政治真空将由中华文明来补足，只有中华文明才能真正给予世界永久的和平。未来人类“天下太平”的药方不是军事武力，不是民主选举，而是文化引领世界，这个文化就是我们博大精深的中华文明。

公正地说，西方崛起曾给世界带来了巨大灾难，但同时也对人类文明做出了巨大贡献，比如，公平自由的市场、民主的选举、宪政的体制、公民的权利，等等，西方的成就对世界的影响是深远的。而中华文明的生命力和生生不息正好就体现在善于不断吸取先进思想，在容纳的过程中又不迷失本位自我，最终将外来的先进思想转化成为中华文明的一部分。

一个文明高度阶段的发展不是简单的复古主义，更不是盲目崇拜古代的一切，而是在一种人类文明更高阶段结合现代因素的文明复兴运动。如今，中国的改革开放也步入深水期，上一个30多年的改革主要在经济方面，下一个改革方向主要是政治方面。中国正在一边吸收先进文明的成果，一边努力革除弊政，修正本身文化中不符合现代化的因素，同时不断发掘、研究、建构、阐释最有高度的人类文明因子。积极吸收了西方个体思想、个体公民权、法治思想和功能分化的中国，可以在整体思维、多线思维、社会团结、社会整合等多方面运用中国文化的智慧创造出中西合璧的崭新人类文明。

中国古人就开始追求天下太平、世界大同。中华文明有“苟日新，日日新，又日新”的创新改革精神，有“和而不同”的文明多元共生理论，有

“天人合一”中的人与自然、社会与生态的和谐精神，以及中华文明和平世界主义的天下世界观，有“修身，齐家，治国，平天下”的伟大理想。

因此，中国崛起将使人类文明跨入新时代，也注定将照亮整个21世纪。但是，不积跬步，无以至千里；不积小流，无以成江海。我们还需要一步一步地努力。未来10年，世界经济增长的火车头依然是中国。中国之所以担此重任是因为还有很多改进空间，最主要的是不断前进的决心。

第六章

未来社会

CHAPTER 06

第一节　顺势而为

我们可以发现一个现象，很多事情的成功或者失败，很大程度上都不是个人能力所决定的，而是大趋势所决定的。趋势意味着什么？意味着个人的眼光，什么才可以使一个人有长远的眼光？那就是知识、智慧、洞察力和逻辑能力。

比如，很多人为什么在股市里赚不到钱？如果你能力不如别人，勤奋不如别人，运气又可遇不可求，唯一盈利的机会其实只有一个，也就是风口来的时候。如2006年、2009年，那时候，满大街都会听到谁赚了多少，于是你赚钱的机会就有了，如果在一个不是普遍性的盈利市场上，你会发现赚的一般都是辛苦钱。

那么问题来了，什么时候是牛市？什么时候是熊市？如果对整个世界的发展没有宏观认识和深刻洞解，你该如何判断呢？

不单是股市，任何行业似乎都差不多，2002年的时候，很多人离开了中国去美国读书，10多年过去后，这些海归学成回国，发现一套房子也买不起，而同期待在国内发展的同龄人，赶上房地产热，一人拥有多套房子的比比皆是。

房产行业持续10年的火热，如果没有对中国经济有非常细致入微的预判，又该如何判断？

在中国大发展的格局里，眼光和远见更重要，我们有时也会悲惨地发现，回到老家去，甚至不如那些没考上大学的同学们，他们初中毕业、高中毕业就开始闯荡江湖，更早地接触社会，更早地在外贸领域做业务，而你因为可能是大学毕业，选择也比较多，反倒不如他们有更好的积累，尤其是在过去10年赚钱最多的房地产行业，一般比拼的其实也是胆魄而非能力，反观我们，自诩名校毕业生，其实是不如他们的。

中国改革开放初期，绝对是创业的蓝海，如果不对中国的社会结构有很好的分析，该如何判断呢？

当然现在趋势也在变化，互联网出现的格局里，房地产衰退之下，这个趋势不同了，盈利逻辑也跟着变化了。

笔者前些日子碰到一位创业的小伙子，当年是某公司在全国招聘的为数不多的本科生，他打败了无数的人终于挤进了该公司，而那些被他打败的人，黯然地走进了阿里巴巴的大门，彼时的阿里巴巴容纳的很多都是职业技术学校毕业的学生，出自名校的几乎没有，10多年过去了，小伙子现在被逼得出来创业，而当年去了阿里巴巴的人，一个个身价过亿。

那么问题来了，中国互联网也遇到了10年繁荣时期，那个时候选择一家不错的公司跟它一起成长，绝对是很好的选择。但是如果没有对互联网深刻的认知，该如何判断呢？

这个世界上，赚钱的事情从来不是辛苦的事情。如果论辛苦，比得过富士康的那些工人吗，比得过农民兄弟吗？但是他们比你更能赚钱吗？所以世界上，如果一个行业要靠比能力来赚钱的时候，你会发现好像赚的只能是辛苦钱了。更糟糕的是，甚至很多人还赚不了辛苦钱，例如现在一堆无奈的淘宝电商。

无论是就业还是创业，大方向都很重要。

周鸿祎说：“有一个竞争对手永远打不败，那就是趋势。”我们一定要凭借自己的远见卓识，去发现社会发展的趋势。当一个市场有整体向上的趋势，只要做得稍微好点，总还是有机会的，而有些行业，你再怎么做，其实都注定了最终的结果不会好。我们在做事之前先抛开能力、背景和资本，要放眼格局，研究大趋势，并钻研其中是否有逻辑可循。

很多年前，孙中山先生说过："天下大势，浩浩汤汤，顺之则昌，逆之则亡。"我们每个人都无法对抗历史的潮流，这就是趋势的力量。

那么问题来了，趋势到底是什么呢？

趋势这个东西有几个特征挺有意思，第一个特征，其实是趋势只有在将起未起的时候，才有意义。太早看到趋势其实毫无意义，太晚你会错过太多的东西。趋势看到最后就是虚无主义。

看得太远的人，其实挺适合做先知，当然也很容易成为先烈，看得太早意义更是不大。哥白尼在中世纪就看到了地球不是宇宙中心，可是被火烧死了，太多太多聪明人死在了不在当下生活的故事里，等好不容易撑到风口来的时候，他们已经不在了。

而如果趋势都被人看到了，其实趋势的意义也就不存在了，当真理都被大家接受的时候，真理就会沦为常识，你已经没有任何机会和优势来成为一个布道者了。前些日子听到一个农民说，政府让我们种葱，我们就种蒜，政府让我们种蒜，我们就种葱。这就是极为简单朴素的趋势性发现的案例。当趋势被所有的人都看到的时候，你其实只能回归到赚辛苦钱的逻辑里去，记住：辛苦往往赚不了大钱。

在这个特征里，我们收获的东西是什么呢？即提前预判是很重要的，因为只有在人们尚未发现，而你却提前发现，也提前动手了，那你或许才能有先发性优势。有意思的是，很多人其实都能看到一些趋势性机会，但是能下手的人其实也不多，看多做空，看空做多，甚至看而不做的人，其实都挺多。我们经常听很多人说，当年我怎么怎么看对了，但是这种看对了，跟你有什么关系呢？总体来说，爱打拼的人胜算更大，未来的创业很大程度上会比拼对错的次数和成本的综合。尤其是趋势留的时间窗口越来越小的时候。

现在的投资人，都希望投资出一个阿里巴巴、腾讯、百度，等等，一边是实体的不景气，一边是创业氛围的浓厚，形成了鲜明的对比，两个逻辑其实是相同的，实体越不好，资金就越挤入具备想象力的行业中。

在一个趋势起来的时候，乘风而起其实难度并不如想象中大，在新兴领域并不需要太大的努力，就能较为轻松地击败固有规则体系里的王者，阿里巴巴、百度、腾讯可以击败很多传统企业，其实不是一个企业的胜利，而是一个时代的胜利。每个时代里都有自己的王者，人类正在进入互联网时代，这个时候你会发现不是传统企业不努力，而是再努力也无济于事了。

事实上这种趋势性的颠覆市场的案例太多，很多曾经在我们生命中如此重要且认为永远都不会离开你的东西，其实一点点都在离去，这个观点用在阿里巴巴、腾讯身上其实也一样适用，你认为永远离不开的，说不定很快会离你而去。

这就是可怕的趋势之争，不同维度体系里的竞争是极其可怕的，互联网其实是个自下而上的革命，改变很多的生产作业方式，从而使得固有生产作业方式上的一系列王者的优势丧失。

趋势的第二个特征是什么？是不可测。

我们看到很多是因为技术的不可替代性、群体性特征的不可测性，使得技术是不可捉摸的，而且群体性特征的兴起使得热点不断被改变，社会整体的无意识，你很难把握未来趋势的机会在哪里。

有这样一类人，压根不存在所谓眼光和选择一说，他们踩着趋势赚钱，并不是主动意识的结果，而是被动选择的结果。他们被社会的洪流抛向了角落里，落花有意流水无情，原本都是被抛弃的凡夫俗子，却无意间被推向了社会的洪流。因为整个社会的主流观念肯定都是传统的，他们被传统抛弃，就意味着自己要走上一条不寻常道路。然而这些被迫走不了正统道路的人，却总会有意外的收获。1994年被下岗的人，后来都能赚点小钱，而那些不下岗的员工，现在估计得下岗了；2002年进不了银行的人，去了房地产或者阿里巴巴，现在赚了大钱。而那些所谓的传统的、领先的精英们，总会被淹没在传统的浪潮里。

所谓剑走偏锋。在大爆发的年代里，越是底层出身，越是被忽视的人，越是没得选择，越容易被抛向社会的“非主流”里，而他们脱离了社会大洪流，往往和大机遇相逢，遇到真正的大趋势。

你会发现，我们身边很多富豪都是房地产老板，还有曾经的煤老板，他们的出身都极低，为什么呢？很多人其实到现在也没弄明白他们是怎么发家的，只是他们做的事情遇到了适合的年代而已，然后就是长期坚持的结果。

而今后的趋势会呈现什么特征呢？在互联网的影响下，趋势一旦逆转以后就会被轻松击垮。这个社会的趋势时刻在扭转，不断被打破和校正。整个社会进入到一个极其敏感的状态，不可触摸。

此时如果再坚持固有的逻辑去做事情，结果可能很惨，所以，唯有不断地创新和突破才有出路。

第二节　制度创新

制度问题的本质，其实就是政府在市场上发挥什么作用。我们还是从荷兰的鲜花市场说起。

一 阿姆斯特丹的鲜花市场

在荷兰的阿姆斯特丹有一个全世界最大的鲜花市场，看懂了这个鲜花市场，就能够理解什么叫作自由经济。它号称有200个足球场大，还是室内的。每天早晨开始，荷兰各地甚至欧洲各地的鲜花都源源不断地运到这个鲜花市场，下午4点拍卖开始，先拍卖郁金香。荷兰式拍卖是这样的：比如，说一束郁金香10荷兰盾，没人要就9荷兰盾，再没人要就8荷兰盾，直到有人要为止，这样或许四点半的时候郁金香的价格就确定了。然后其他鲜花的价格则以郁金香为参照。也就是说，四点半的时候，所有鲜花的价格都全部确定。然后，这些鲜花被分装、打包、运往世界各地。

然后第二天早晨，在纽约的8点，这些鲜花会出现在纽约的街头；在伦敦的8点，这些鲜花会出现在伦敦的街头；在东京的8点，会出现在东京的街头。它绝不会在伦敦的8点出现在纽约的街头，也绝不会在东京的8点出现在伦敦的街头。全世界有哪一个市场能够做到这点？也就是说，鲜花市场中有无形的手、无数的参与者，在追逐自己利益的同时，把这些鲜花送到了它们该去的地方，而且准确无误。

当然我们可以说，你不应该低估政府的作用，没有政府怎么能够保证航班准点到达呢？没有政府你怎么能保证鲜花在街上不被人抢劫了呢？这个鲜花市场的例子正好说明了市场和政府的不同定位。政府的职责是维护社会的秩序和稳定，扮演守夜人的角色，但资源的配置主要依靠市场。也就是说，我们要依靠鲜花市场中无形的手，把鲜花送到最需要这些鲜花的地方去；同样，我们也需要资本市场中无形的手，把中国的金融资源送到最需要这些资源的地方去，同时也使这些资金有机会获得最好的回报，这就是我们发展资本市场最大的意义。

在这个故事当中，我们可以看到无形的手和有形的手的分工，无形的手配置资源，有形的手维持社会秩序。如果有形的手想要多做一点，那就应该把重点更多地放在建设市场体系、提高市场效率上，帮无形的手更好地发挥作用而不是替代它。这正是今天中国所处的阶段，我们的监管机构、政府部门，可以比美国做得更多、更好，这样我们就有机会推动中国经济更快地发展。

二 老子的智慧

老子的《道德经》里说，“太上下知有之，其次亲而誉之，再次畏之，最次侮之。”这句话的意思是，最好的政府，就是老百姓大概知道有这么一个政府，次之的就是老百姓天天表扬这个政府，再次的就是老百姓害怕这个政府，最差的就是大家天天说这个政府不行。原来我们的祖先早在3000年以前就知道了“小政府大市场”的道理。

老子还有一句话谓之鸡犬之声相闻，老死不相往来。意思是虽然彼此挨得很近，密切到连鸡狗的叫声都混在一起，交流信息非常密切，却彼此互不干涉，双方各自过自己的生活，这才是真正理想的国与国、人与人之间的关系。再放眼今天的华尔街，全球的资源每时每刻在瞬息万变的资本市场上交易，互相擦肩而过，不留半点粘连，这才是真正的商业文明。

我们应该意识到，自由经济要有两个方面，第一个是小政府大市场，第二个是交换和比较优势。没有交换，就不能发挥比较优势，也就没有专业分工，就发展不起来真正的自由经济，所以中国就一直是小农经济。当然，或许我们对古人的很多深刻思想不一定能完全理解，但无疑，我们的古人很早就开始探索经济发展的基本规律，而自由经济最终也被证明为人类社会发展最重要的规律之一。

三 光与政府

人类社会认识自由经济规律的过程并不是一帆风顺的，过去的200年中，经济学家们围绕政府和市场的争论从未停息过，英雄人物带着美好的理想，相继登上历史舞台，最终又黯然离去，很多还给人类社会带来了巨大的灾难。

其实政府和市场的行为关系，就如同光是波还是粒子一样扑朔迷离。400年以前，伟大的物理学家牛顿，开始了关于光的本质的探索，他认为光是粒子。同时期还有一位荷兰物理学家叫惠更斯，提出了波动学，说光是波。牛顿是当时英国皇家科学院的院长，所以牛顿的粒子说很自然地占据了主导地位。200多年以后，人类有了更加先进的仪器，发现了光有衍射效应。大家都知道，只有波才有衍射效应，所以这个发现一举推翻了牛顿的粒子说，确立了光的波动说。当时社会一片哗然，说牛顿这么伟大的物理学家，怎么会犯这么低级的错误。又过了几十年，人类遇到了一个无法解释的物理现象，即光电效应。最后，爱因斯坦给出了解释，并由此获得了诺贝尔物理学奖。他的解释是，光既是波，又是粒子，只是会在不同的环境下，表现出粒子和波的不同的特性。

因此，事物之间不是孤立和分割的，上帝根本就不会给我们那么明确的答案。我们真正要搞懂的不是谁是谁非的问题，而是谁和谁的关系是否融洽的问题。

市场和政府的关系，其实也是财产和权力的关系。

17世纪英国著名哲学大师约翰·洛克有一句警世之言："财产不可公有，权力不可私有，否则人类必将进入灾难之门！"

财产不可公有，即产权要明晰到位；权力不可私有，即不能让极少数人统治社会的一切。这句话可谓一语道破天机，言简意赅，醍醐灌顶，阐明了只有"经济民有化"（自由经济）才能让"政治民主化"（自由选举）的必然逻辑，为人类社会的未来结构指明了方向。

产权明晰，即社会的每一份财产都明确到具体身份，这是推动商业文明的重要原因。人类自诞生以来，所有物质文明取得的重大进步，都离不开"产权明晰"这一条件。比如，中国改革开放实现的家庭联产承包责任制，就是让农村土地的产权明晰，然后大大激发了农民的生产积极性，从而创造了更多的社会财富。

人生的追求就是自由，自由源自契约，而契约精神只能源自于“产权明晰”的“自由经济”中。如果没有“自由经济”，就不会有“自由选举”，这只能导致另一种专权与灾难。比如，“坚决不走私有化”的委内瑞拉、纳粹德国、伊拉克、伊朗，就算东施效颦实行了“自由选举”，选民也空有民主权利，毫无民主能力，只能把查韦斯、希特勒、萨达姆、内贾德、穆兄会、哈马斯等各路骗子或疯子选上台，让右翼民族主义、极左民粹主义或宗教原教旨主义得逞。这不是自由民主而是一种历史的倒退。

而我们的中华民族自古以来就没有“私有财产神圣不可侵犯”的观念。而且自从中华文明建设之日起就存在“产权不清”的问题。所谓“普天之下莫非王土”，首先这句话本身就是产权不清的概念。

中华文明有精华也有糟粕，中国正在逐渐甩掉这些沉重的历史包袱。比如，中国最开始实行的是“分封制”，各片土地统归一人管辖，诸侯大王连年混战，但好处是社会思想可以多元化，比如，春秋战国时期的百家争鸣；后来被秦始皇推翻，并建立了封建制，封建集权社会才出现了大权在握的皇帝，天下统归一人管辖，这时思想单元、言论禁锢、言多必失、祸从口出；后来又被孙中山推翻，之后出现了所谓的“官僚资本主义”，但是“官僚资本主义”其实是个伪概念，因为官僚主义其实就是垄断主义，而资本主义就是竞争主义，竞争与垄断是水火不容的。

我们坚持的“中国特色社会主义”，既不同于“资本主义”也不是传统的“社会主义”，而是依据人类历史发展现状，逐渐摸索的一套最能代表人类未来、最具健康结构的设定。

“中国特色社会主义”的特点可以用24个字概括：有自由、不放纵；有协调，无约束；有竞争，无特权；有区别，无阶级。

论及自由，劳动人民永远都会享受“自由谋生权、自由迁徙权”。而之前中国曾经实行的“井田制”和“公社制”，都没有将土地产权明确到个人，名义上是“公有”，支配权实都归为一小撮人，要么在贵族手中，要么在当权者手里，百姓只剩下了“奉命扛活权”。

论及放纵，自由经济能充分调动人的积极性，但人性的贪婪如果不被防范就会将人引导走向极权主义，比如，当今的美国和西方社会，正在品尝“资本”操纵一切的恶果。

论及协调，为了防止人性引导下的行为放纵，就需要国家和政府做好宏观调控，发挥服务性作用。

论及约束，国家充当的是协调角色，而不是指挥一切的角色，如果过度干预，那就又回到了计划经济的老路，经济活力一片沉寂。

论及竞争，国家今后将鼓励依靠创造性和获取收益，创新者获得社会认可程度会越来越高。

论及特权，有了竞争就有了民主，依仗特权和垄断牟利、坐享其成的时代一去不返。

论及区别，人与人的区别在于属性、性质和状态不同，社会越来越多元和包容，少了你的精彩，世界就少了一份美丽。

论及阶级，阶级存在于有特权，没有特权就没有了阶级，财富的多少不再等同享受的权利的多少，只能是成就感的副产品。

邓小平曾经说过，“中国的崛起，需要两个30年。”今天我们大致正好走过了第一个30年，这30年改革开放进步在哪里？莫言说：“倒不是因为恩赐给了老百姓多少钱，而是因为归还了老百姓最最基本的自由。”从这个角度看，改革开放的确功莫大焉。

下一个30年呢？刚刚开启的深度改革需要更多努力，经济体制要深化，法律体系要完善，金融体系要改革，资本市场要发展，后面30年的任务可能比前面30年更加艰巨。这就像我们登山，越往后越累，消耗的能量越来越多，空气也越来越稀薄。但是我们看到的风景和享受的境界，将会截然不同。

第三节　按需生产

一　供给侧改革

2015年11月，在中央财经领导小组召开的会议上，习近平主席说："在适度扩大总需求的同时，着力加强供给侧结构性改革，着力提高供给体系质量和效率。"习近平提出了"供给侧改革"简单五个字，很多人还没有意识到这五个字的分量，它透露的信号很重大，显示出高层的经济判断和治理思路出现调整。

当下中国消费品供需正面临着不可忽视的结构性失衡。"供需错位"已然成为中国经济持续增长的最大路障。产能过剩已成为制约中国经济转型的一大包袱。产能过剩企业会占据大量资源，使得人力、资金、土地等成本居高不下，制约了新经济的发展。

供给侧管理是通过对总供给的调节来达到宏观经济目标。与之对比，需求管理假定生产要素的供给为既定的条件下对总需求的调整和控制。在经济学理论中，供给侧管理代表了新古典主义学派的经济思想，而需求侧管理则代表了凯恩斯主义的经济思想。

供给侧改革，要从生产、供给端入手。僵尸企业的普遍存在已经成为国民经济的吸血鬼。一方面，传统的中低端消费品供给严重过剩，如衣服、鞋帽、玩具等，价格持续下滑；而另一方面，高品质消费品供给不足，中国居民在海外疯狂扫货，马桶盖也要奔赴日本购买。

按照国际经验，人均 GDP在8000 美元左右时，消费结构将从生存型消费向发展型消费升级，当前中国人均 GDP已达到7800 美元，可是供给侧远远未对发展型消费升级做好准备。

那么这背后深层次的逻辑是什么呢？请看笔者的分析。

在经济里有两大活动，即生产和消费。

当生产和消费互相配合相得益彰时，整个社会就会往前推进，经济健康增长。相反，当生产和消费脱节，一方跟不上另一方时，就会出现经济停滞增长，即经济危机到来。

先综观一下中国的发展历程，我们先后经历了计划经济和市场经济两个阶段。

在计划经济阶段，我们实行的是“按计划生产、按计划消费”。这个时候永远不会发生经济危机，但是由于一切都是计划好的，所以大家也没有什么生产积极性，经济发展水平较低。

在市场经济阶段，我们实行的是“按意愿生产、按利润分配”。此时，由于“生产”的权力是开放的，如果一种“产品”被需要，就会有人“生产”，而且不会被限制，这样同种产品的生产商就产生了竞争。而且生产商为了追求利润，不断扩大生产，当产品数量超过了消费需求量之后，产品就会过剩。

按照中国的发展路线，当我们生产力高度繁荣之后，会进入共产主义阶段，届时，所有的生产都是有序的，不会再有产品过剩，而且会实行按需分配，也就是说，你需要什么就给你什么。那么这个理想状态究竟是怎么实现的呢？

“按需分配”的前一个阶段即按需生产。所谓按需生产，其实是中国后市场经济时代的产物，而我们接下来将逐渐进入这个阶段。

在传统的生产方式中，产品是生产者说了算，消费者只需根据自己的需求决定买还是不买。而以互联网+、工业4.0为代表的生产技术的革新，引起了一场“消费关系”的大解放，未来的消费关系是：消费者需要什么，生产者就得生产什么，这是一个逆向生产的过程。整个社会的供应关系将被摧毁重建。

二　C2F模式

互联网发展到一定阶段，必然会深入到制造业与互联网的高度融合，诞生出C2F（顾客对工厂，简称客厂）模式。这也是工业4.0的本质，工业4.0将在未来实现工厂、消费者、产品、信息数据的互联，最终实现万物互联，从而重构整个社会的生产方式。（详情请参考笔者的作品《工业4.0大革命》）即利用物联网、大数据、移动互联网的手段，使工厂实现定制化生产（按需生产）的过程，从而实行从消费需求—工厂制造—后续服务的一体化。

C2F模式是B2C商城网站与移动社交高度的融合，由品牌商和用户通过互联网和技术直接沟通的一体化产销的模式。

而现在的工厂大多按销售商的要求进行生产，并没有深入了解、统计、整合消费者的需求。这使消费者需求、设计生产、销售服务的流程是分离的，生产的只管生产，不知消费者需求，制造工厂关心的是订单的批量和规模。而搞贸易和销售的不搞生产，不能满足消费者的小批量和个性化要求。

按销售商预估的产品进行生产，就不可避免地产生库存和压货，而库存和压货是吞噬厂商利润的黑洞，也是商品价格难以下降的拦路虎。压货和库存是利润的天敌，中国零售商品的零售价往往是成本的5倍，眼镜、珠宝、奢侈品的零售价往往是成本的百倍，如此巨大的价格差异就是由层层库存、压货加价和终端零售成本高昂造成的。

并且生产商也只会根据自己预估的大众需求去设计产品，不会关心小众的个性化需求，因为制造业是靠批量规模取胜，批量越大，成本就越低。

而甩掉销售商的中间环节，直接面对最终客户是C2F的内核之一，制造厂商可以通过建立商城，把产品直接卖给最终消费者，在培养商城的成交量的同时渐渐挤掉贸易销售中介，不再由销售商把住销售终端。

当然，有实力、有远见的销售商也在反击，他们通过自建商城完成终端销售，通过大数据和物联网改进消费者的购物体验，然后再向生产商输出自己的需求数据，而此时生产商又不得不通过他们的商城获取消费者的需求，实际上近年来崛起的大量的细分行业商城大多是销售商做的。

如果说过去10年属于互联网企业，则未来十年属于成功转型的传统企业，传统企业会因为互联网而发生裂变、重构，带来创新。消费数据会决定工厂生产什么，而不是工厂生产什么，消费者决定使用什么。

在以前，中国经济的增长主要靠政府投资，投资即扩大“生产”，叫推着走。此时，中国经济的供应链重心在生产者，在后端。

在以后，中国经济的增长必须靠人们消费，刺激人们去“消费”，此谓拉着走。此时，中国经济的供应链重点在消费者，在前端。

因此，中国经济的供应关系也发生了大逆转。同时，我们的生产、营销、渠道和盈利模式也都变化了，也就是说，传统的消费理论和经验都统统失效了。未来30年是中国制造的巨大机会，中国未来制造业的变革不是今天简单意义上的制造，而是必须以需求和定制为基础的创造，是智慧的制造。比如，未来海尔的冰箱什么时候生产，生产多少才能满足需求是可以用大数据计算出来的。

从“三架马车”到“供给侧改革”，这种变化勾勒出中国经济的演变，消费在国民经济中所占的比重越来越大，对供给侧的要求越来越高，在倒逼压力之下，“供给侧改革”的效果直接关系到中国经济转型是否能够平稳落地。

而中国也将进入一个“新计划经济”时代，即所有的生产都会按照消费需求进行，未来的每一件产品，将实现定制化生产，即在生产之前会知道它的消费者是谁，这件产品的标准是怎么样的。而生产商之间比拼的不再是价格，而是谁能最先接到消费者的需求，以及完成消费者需求的精准程度。此时，不会有库存，也不会有恶性竞争，行业更进一步细分，新的供应关系将形成。

第四节　消费商诞生

一种崭新的消费关系还将诞生一个新的群体——消费商。

消费者和生产者不是对立的，而是互相转化的。假如你是一名服装厂的工人，那么你就是一名生产者，你的产品是服装。当你去餐厅吃饭，你就变成了消费者，这时餐厅的厨师是生产者，但是厨师也需要穿衣服，他需要购买服装，所以他同时也是你的一名消费者。

所以，每一个人在服务别人的同时也被别人服务。这就是生产和消费的不断转化，生产力就是这样创造而来。

那么，什么是消费商？

今后的消费关系主要由三方关系构成，分别是：

（1）生产商——经营生产环节，以生产产品为核心，比如，工厂。

（2）流通商——经营产品的流通环节，以渠道为核心，比如，快递公司。

（3）消费商——经营消费者的环节，以引导消费者购买为核心，比如，自媒体、网络大V、明星、网络红人、模特等。

消费商的概念在中国才刚刚推出，在国外有一个相似的概念，翻译到中国叫作“生产消费者”，既是生产者又是消费者。

一直以来只有生产者赚钱，消费者花钱，如果消费者也想赚钱，想参与商业利润的分配，在以前是不可想象的，但时代发展到今天，消费进入革命式变化时代，消费者终于也可以参与到商品利润的分配了。

消费商首先也是一个商业主体，作为一个全新的商业主体，一定有其独特之处。其独特性如下：

（1）消费商主导的是“花本来就该花的钱，赚本来赚不到的钱”，带来的是一种全新的利益分配规则。

（2）消费商不需要大投资，没有员工，也不需要管理，是零风险的一个商业主体。

（3）消费商只是在做一种（省钱+赚钱）机会的传播者，不负责具体的经营，是最佳的财富自由的经营者。

（4）消费商是一种最轻资产的商业模式。

（5）消费商可以是第一职业，也可以是第二职业。

（6）消费商带来的是一种消费革命，让消费者也参与利润分配，让更多人成为消费商，分配更加合理。

（7）消费商将成为销售的关键主体，优越于原来的店铺，是互联网时代的最佳互补。

消费商是市场进入新经济下产生的一种新的商业主体身份，在消费商之前曾出现过经典的传统经销商，后来出现直销模式产生的消费商，进入电子商务时代产生了网络电商，每一个时代新身份的产生适合不同人群发展，同样都实现了不同层面人的成就。

经销商很显然是经营市场的人，需要大资金运作；消费商只需要体验产品，同时把使用产品的效果分享给更多的人，不需要运作资金。

在农业经济时代，经济活动以土地为核心，地主掌握着大量财富。

在工业经济时代，经济活动以产品为核心，企业家成为人们羡慕的对象。

在后工业经济时代，经济活动以渠道为核心，经销商则成为最风光的人物。

如今进入信息经济时代，消费商将成为时代的宠儿。

当前，凡是正当经商的人，都深深体会到生意越来越难做。生产的产品无论好与坏，实在是太多了，有的达到泛滥的地步，要想把好的产品销售出去，真的很困难。因为产品从生产商到消费者这个流通环节的经营也非常艰辛，竞争已超出想象，一个产品如果创出了知名度，就会有冒牌出现，最终受伤害的是生产商和消费者。

经济活动已进入终端，谁能拥有并锁定消费者，谁就能占领市场获利。现在，每一个生产商都在想着同一件事，即如何拥有并锁定消费者？

昨天，所有的商品利润都由我们消费者所创造，但却全被生产商、流通商瓜分了。消费者由于信息不对称付出了比商品价值高得多的价格，导致我们只能盲从、被动、无奈地消费，我们可选择的方式很少。

今天，随着市场的开放，质优价廉的产品越来越多，我们想在哪家购买和想买什么，有了更多的选择空间。因此，对生产商和流通商来说，消费者已成为经济活动的核心，这里面蕴藏着巨大的财富，拥有无数的商机。

以前的许多经济理论并不是为我们这些消费者服务的，完全是为生产商和流通商服务的。既然出发点不在消费者这边，看不懂经济理论，那许多商业条款不以消费者为核心，也就不足为怪了。

可是，历史的车轮把我们带入信息时代，这一切都在快速变化。消费者扬眉吐气的时代已经到来，我们终于等来了话语权。

作为一个消费者，如何积极参与财富分配做一个消费商呢？信息时代的经济竞争，是以消费者为核心，那么，作为一个有眼光和能力的消费者，就有必要把自己身边的消费者组织起来，带领大家一起与生产商共享财富分配。因为组织和管理了消费者，付出了劳动就会有收益，这就是商业行为，所以这样的消费者就可以称为商人，或者叫作消费商。

其实，消费商的行为早就存在，只是人们平时忽略了这个概念。比如，你买了一件物美价廉的衣服，告诉你的同事、朋友，他们也产生了购买的欲望。也就是说，你引导了消费。但是，卖衣服的老板并没有给你任何好处，此时，你的行为已构成了一种消费商的行为，不过，你这个商人没有赚到一分钱，是在做着没有收益的商业行为。

竞争消费者的过程，也就是拥有和锁定消费者的过程，其实就是一个使消费者从分散走向联盟的过程。在这个新时代的竞争过程中，这不是由生产商来完成，也不是由流通商来完成的，而只能由我们这些消费者来完成。

既然是消费者从分散走向联盟的必然过程，那么作为一个消费者，今天或许你不主动去联结别人，使自己成为一个消费商，或许明天就由别人来联结你。其中的经济利益关系，不必多说。也许，过不了多久，你与朋友见面打招呼时，他会自豪地告诉你，他是一个消费商。

消费者成长演变为消费商，将是一场浩大的革命。可以预见，在不久的将来，消费商将是一个非常有前途的职业，它将很多人从传统的生产关系链中解脱出来，不用被条条框框束缚，照样可以开拓属于自己的新天地。

第五节 资本时代

毛泽东时代的中国是“计划经济”，邓小平时代的中国是“市场经济”，而习近平时代的中国，将进入更高层次的“资本经济”时代。

什么是“资本经济”时代呢?简而言之，就是在市场经济的基础上加了一根“杠杆”，在物理学上，“杠杆”的作用是利用“力臂”将“力量”放大，从而可以撬起更大质量的物体。经济上多了这根杠杆，其活动空间和灵活性都会大大增强，这也叫“资本思维”。今后的中国人必须深刻理解和运用“资本思维”这个工具。

一 资本思维

要想学会“资本思维”，必须先来深刻理解一下什么是“资本”。“资本”仅仅是指钱吗？不是。资本是对资源的“支配权”，通过资源支配带来更多的支配权叫作“资本运作”，通过资本运作优化和配置社会财富，实现社会效率的最大化就是资本运作的社会价值。

因为资本有趋利性和增值性，追求利润最大化，这就会促使社会资源的配置朝着效率、效益最大化的方向上行。社会资源将依次流入最有效率的国家和地区、最有效率的产业、最有效率的企业、最有效率的项目、最有效率的个人。资本的逐利促进资源的优化，资源的优化顺势产生新的资本，并且不断产生新的机会，如此一边循环一边发展。

比如，在物理学上，石墨和金刚石是同素异形体，它们都属于碳元素形成的单质，但是物理性质大不相同，价值也有天壤之别，就是因为它们的组成结构不同而已。所以资本思维的精髓是结构重组，即对资源的分子进行时空和结构上的调整，从而产生由“石墨”到“金刚石”的增值效果。宏观方面的资本运作是对全社会的资源重组，比如，中国的国企重组，将大大改变中国经济的结构，提升整个社会的运作效率。而当一个社会经济依靠“资本运作”来运转时，将步入“资本经济”时代。

从经济层面来讲，今后社会上存在这样三类人：

第一，资源者。他们是资源的最直接拥有者，依靠出卖自己的资源生存，比如，农民靠耕地、工人靠体力、医生靠医术、作家靠写作，等等。

第二，配置者。资源是谁的不重要，关键要有资源配置权。这类人依靠配置资源挣钱，从事资源的投入—整合—运营—产出工作，以企业家为主，创业者也属于此类。

第三，资本家。他们离资源最远，但是所有资源却统统归他们掌控，他们只躲在幕后玩操纵游戏。风险投资者就属于此类人，比如，孙正义投资马云，阿里巴巴上市使他大获成功。资本家无国界，他们可以控制全球资源流向，可以通过金融体系支配大量别人的资产。

所以，资源名义上都是资源者的，实际上都是资本家的。看一个人能量多大，关键是看他能配置多少资源。

按照以上三种不同性质的角色扮演，今后的个人如何获得财富？无非只有三条渠道：出售资源、配置资源、掌握资本。

二 资源者（普通人）

资源者通过出售自己的资源生存，也就是资源者的技能，即时间+体力，这也是社会上分布最多的人群。

所以，一般普通人只能找一家企业工作，出售自己本身换来财富。然而普通人的时间、体力都是相差无几的，他们能够出售的资源都是差不多的，于是为了让自己的资源卖上好价钱，就只能提升自己的技能水平和熟练水平。

父母都希望自己的孩子好好读书，进名校拿高薪是很多人的梦想。

但是现在文凭带来的技能差别越来越小，比如，月薪过万的汽修技师一点不比本科生差，从动手能力方面本科生很可能略逊一筹。

另外，对于资源者来说，还有天生稀缺资源，比如，外貌。外貌姣好的普通人，可以在日常的婚配、工作、生活中获得很多额外的财富；如果长得好看再加上运气好或许可以进入演艺圈，成为明星之后自己的资源就成了稀缺资源，资源的价格远远高于普通人。

但是外貌在一般情况下难以改变“资源者”的本质处境，只能略微提升。拿王宝强来说，从外貌上是无法超越刘德华的，所以他扮演傻根，华仔扮演神偷。外貌这种资源不一定是越漂亮越好，王宝强和黄渤的外貌特质也是他们成功的不可或缺的一部分。

所有的普通工人、白领、职业经理人，甚至到当年的“打工皇帝”唐骏、各大明星，都属于“资源者”。这种人的特点是获得财富是有限的。

当然，有的人天生就拥有稀缺资源。比如，富二代生下来就可以继承一批遗产这种稀缺资源；明星的孩子天生就获得了媒体关注的稀缺资源；某人住在市中心的破院子里，因为拆迁而获得一大笔财富，天生获得了位置的稀缺资源；或者你运气非常好，买彩票中了奖，也是享受到了“好运”的稀缺资源。

这类财富可遇而不可求，只能靠运气。而且这些好运的“资源者”往往不懂如何经营资源，他们的财富不具备可持续性，不能增值扩张，甚至往往是被浪费的。明星和富二代寂寞了会吸毒，遗产被坐吃山空，大奖也会挥霍完毕，拆迁款往往用于赌博……

当然还有最后一条没有说，就是出售风险，如果你愿意承担坐牢、死亡的风险，去偷、去抢、去骗，比如，混黑社会、开赌场、开黄色网站、进行网络诈骗等，如果通过这种渠道赚钱，你获取的财富也会增加，但是承担的风险也会增加。用一句话概括就是“所有赚钱的方法都在刑法里写着呢”。

三　配置者（企业主）

这种人不是资源的直接拥有者，他们往往通过脑力劳动去设计资源的配置，通过优化资源去获利，企业家就属于这一类。

在奴隶社会最重要的生产力要素是“人力”（即奴隶），封建时代最重要的生产力要素是“土地”，而资本时代最重要的生产力要素是“资本”，资本的本质就是资源的配置。

从定义上来讲，企业家是从事资源的组织、管理并承担经营风险的人。企业家的收入与他配置的效率成正比，上不设限。但同时也要为自己的资源配置承担风险，下限就是破产。

为什么很多人想去创业呢？就是因为他们想从第一类人努力攀爬到第二类人。一旦从“资源者”升级到“配置者”，就意味着不用再出卖自己的技能，而是开始经营自己的思想和智慧，人身和经济都实现了自由，从而实现人格上的自由。

但是并不是所有的“资源者”都适合去创业。他们需要具备一定的文化、眼光、魄力、创新力、机遇和资本。配置者是一个社会最重要的群体，他们的素质和数量决定了一个社会的资源配置效率，代表了生产力水平。配置者非常需要创新精神，所谓创新就是他们对新产品、新市场、新的生产方式、新组织的开拓以及新的原材料来源的控制调配。

这里我们需要提到中国企业家的更新换代。30多年前，中国开始第一次改革开放，那时整个中国百废俱兴，当时的大环境就是最好的机遇，只要是大胆出来闯荡的人，即使没有文化、没有见识，都成了企业家，这是当时的环境造成的。

而如今，随着中国改革开放的深化，中国已经发生了天翻地覆的变化，此时也对企业家的素质提出了更高的要求。比如，在欧美和日本，企业家始终是社会的精英阶层才可以担任。而接下来的中国，如果没有一定的文化素养、理想追求，以及对创新的深刻理解，很难再成为社会资源的“配置者”。因此，中国的企业家正在更新换代，一些90后创业者纷纷走进我们的视野，很多老的企业家也自愿退出历史舞台，这是时代的发展，也是一种必然。

当然，这些素养也都是可以后天创造的，比尔·盖茨在成功之前已经做了7年的程序员。所以通过后天的努力，“资源者”完全可以转换为“配置者”。不过，获取财富只是他们成功的标志之一，对事业的忠诚和对社会的责任，才是企业家的“顶峰体验”和不竭动力。

四 资本家（幕后操纵者）

这个社会的财富，看似是属于分散的“资源者”的，实际上却是归“配置者”享用的，但在本质上全部是属于资本家的。

资本家的定义是以资本运作为业的人。第二次工业革命后，掌握了科技与运用的企业家们，能迅速地积累起巨额的财富，他们的企业对一个国家产生了极大的影响，这些企业构建了这个国家的经济命脉，企业为了获得高额利润，通过相互协议或联合，对一个或几个部门商品的生产、销售和价格进行操纵和控制，于是形成了垄断，而这时的企业家开始坐在了幕后操控这一切，演变成了资本家。

资本家与企业家的最大区别是：资本家不直接参与企业的经营和管理，而是在幕后操纵企业的宏观思路，企业的产品是各类快消品，而资本家的产品就是各个企业。通过投资、入股、并购、重组的方式，将一个企业的未来把控到自己手中，孙正义投资了马云，成就了阿里巴巴，马云可以算是企业家，而孙正义就是资本家。孙正义手里有N个马云，成了日本首富。再比如，巴菲特专门坐在家里做投资操控他的布局，他也是资本家。

美国是自由市场经济，但是为什么叫“资本”主义社会，而不叫“自由市场主义”社会呢？因为在这样的社会，“资本”是度量和决定一切的标准。在中国的古代，你富甲一方也没用，官员随时能把你家产抄净，你有钱也要去给权贵行贿，去买官。而你只要有了权力，哪怕身无分文，一样生活富庶、吃喝不愁，所以那时是官本位。

在未来，人的三种属性大体可以从下图得以清晰地反映出来。

第一种属性

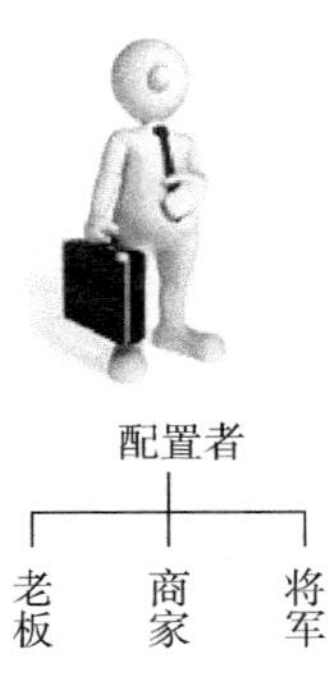

第二种属性

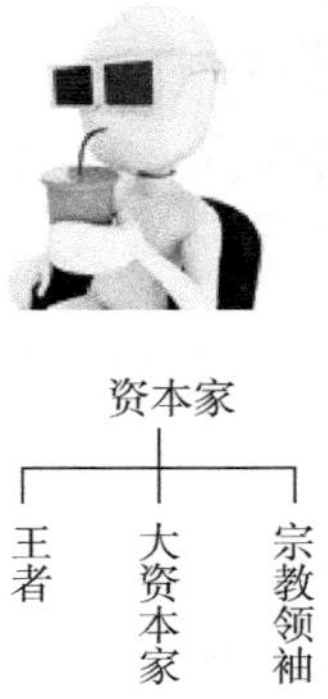

第三种属性

我们需要明白的是，第三种属性的人获利的概率比第二种人多，第二种属性的人比第一种人多。因此，第一种人在努力进化到第二种人，而第二种人在更加努力地进阶到第三种人。

中国自建国就消灭了资本家，所以中国天生具有资本的人是极少的，大部分第三种属性的人都是从第一种或者第二种人进阶过来的，虽然目前这种进阶已经越来越难，但也不是没有希望，因为以后会更加困难。这就是属性的固化，属性间流动的减少。

如果你有一个可以改进手机的创意，而且觉得这个创意可以获利，那么你要问自己，你是否有这个资金去运作这个创意？同样的创意，三星、华为可以投入更多的资金，去选择更好的工程师，做更好的推广。你要确定不是去给这些资本拥有者蹚雷，或者是正在走向一条无数人已经走过的死胡同。

应该如何从第一种属性进阶到第三种属性？

第一步，你要进行资本积累，你愿意打工也好，愿意自己做产品也好，先完成资本积累。这一步最重要，也是发挥大家的想象力和实力的时候了，摆地摊、开淘宝、做网站、做APP、炒股票、海外代购、开设计工作室、卖肉夹馍，等等，没有最好只有更好。

第二步，善用资本，用资本赚钱。怎么用资本赚钱？举个例子大家就明白了。如果你开了家小餐馆，每个月能赚1万元，但是需要个厨师。你自己炒菜水平很高，如果自己当厨师，饭店每月净赚1万元；如果雇一个厨师，每月花8千元，饭店净赚2千元。你该如何选择呢？答案：雇一个厨师。这样你就能用每月1千元利息的贷款，再盘下一个饭店，那个餐馆也就能净赚1千元了。而你只需这样盘下10个、100个饭店，每个月就能净赚1万元、10万元，这时，你会发现自己成了第三种属性的人。

所以，如果打算成为第三种属性的人，可以尝试“不要自己炒菜，雇一个厨师”。能用资本去赚1元钱，也比用出售自己的体力赚100元钱更符合金融思维。

如果聪明的头脑和资本，你只具备其中一点，记得要寻找与自己互补的人去合作。

另外，即使是具有同样特点的人，其财富也是有差别的。同样出卖自己劳动力或者具有同样资本的人，其付出的脑力、体力不一样，所获得的收益也是不同的。就是说，两个一模一样的打工仔或者王思聪，一个努力思考、肯付出辛苦，另一个成天打游戏睡觉，前一类还是要比后一类财富来得多的。但是聪明刻苦的打工仔总与打游戏睡觉的王思聪比，只是给自己的人生添堵而已。

五　资本思维案例

小米手机其实是典型的利用“资本思维”成长起来的企业。首先，小米找到合作方、投资方，告诉他们自己将用全新的方式运作手机，然后大家互相合作，在还没有代加工之前就拿到了投资，并且组建了一个分工型、协作化的团队。然后小米会先告诉消费者我要做一个什么样的手机，包括配置是多少、价格是多少等。找到了自己的消费者，拿到了订单，这时再去找工厂去做代加工，然后以手机为渠道，不断做深、向外延展。小米用的就是轻资产、精定位、做纵深、高增长的资本思维方式。你会发现小米背后形成了一条生态链，价值巨大，却又不需要工厂和设备，仅用5年时间竟然可以成为中国第四大互联网公司，价值450亿美金。因此，“资本思维”背后的杠杆作用的力量是巨大的。

但是，如果小米手机按照“传统思维”去运作，那么过程会是这样的：首先，需要先投入一笔资金，用于手机市场的调研和产品研发，这个过程需要至少半年。然后得准备一大笔费用去购买设备、建设厂房，接下来开工生产。当产品生产出来之后再去找渠道商，做广告，努力卖给消费者。这时如果资金不够了就去银行贷款，进行扩大生产。而传统企业之所以难以为继，症结就在这种运作思路上，最后资不抵债，或者利润率赶不上银行的贷款利息。

怎样才能从“市场经济”向“资本经济”迈进呢？

第一，由“印钞票”切换到“印股票”模式。这里的“股票”指的是创业者的股权，是股权投资。不是指传统上的股民购买的“股票”，那种是已经在四级市场流通的“股票”，是已经流通了三轮后被炒作的虚高股票。而创业者手中的股权，也是一种“配额”，是一种可以坐享其成的财富。怎么能使社会上产生大量的“股权”呢？国家将通过IPO注册制、新三板制度，降低企业上市门槛，引导社会资金流向初创型企业，帮助其实现直接融资，从而激发大众创业的热潮。

第二，变“债权”主导型为“股权”主导型。中国经济以前主要依靠债权拉动和主导，金融机构把钱“借”给企业谋发展，比如，银行就好比是企业的“拜把兄弟”，但是这位拜把兄弟只愿跟企业同富贵，不愿跟企业共患难。当经济处于上行期，银行会锦上添花，主动放贷给企业。而一旦经济进入下行期，银行就会釜底抽薪，不愿雪中送炭，这使得下行的企业经济雪上加霜，这也是中国银行盈利模式和监管模式决定的。而股权主导型经济，金融机构将钱投给企业，占有企业股份。当企业经营困难的时候，股权能够风雨同舟；企业高速成长的时候它会获利退出，能起到调节经济增速的作用，使经济可持续发展。

第三，全民创业。吸纳、配置、优化资源的最好方式就是创业。有一位美国《华盛顿邮报》的记者，在《华盛顿邮报》上写了一篇专栏文章，标题叫《美国人应该真正害怕中国什么》。他说中国最可怕的，不是每年发多少论文，而是中国的年轻人们，他们逐渐开始走出校园，走向市场，开始创业。他为什么这么说？因为，过去的30年中，美国得以傲视天下的最大的秘密，是“资本运作”的思维模式，而今天的中国人已经发现了这个秘密。30年前，有两个年轻人，叫比尔·盖茨和乔布斯，他们刚刚走出校园，开始创业。今天中国的这些年轻人和他们一样，也是刚刚走出校园，开始创业，我们没有理由不相信，30年后的中国，也会有中国的微软和苹果。

在某种意义上，美国之所以能够崛起，根本原因在于其掌握了包括资本市场在内的先进的经济文明，有其必然性。我们现在要推动中国的发展、崛起，也必须要了解和掌握资本市场，这样我们才能站在其他人的肩膀上，比他们走得更好，也才能真正推动中国的崛起。

2015年10月，国家主席习近平访美时提到中国正致力于发展资本市场。预计未来5年中国的商品进口规模将超过10万亿美元，中国未来5年对外投资规模将超过5000亿美元。

在未来，不懂资本运作的人或许会是最大的“文盲”。因为未来每个人都有自己的资本，并可以进行资本配置，配置产生驱动，无数个资本驱动力组成了社会的原动力，这种力量将在国家的宏观调控之下，配合着社会前进的步伐，构建新的商业文明体系。

六　普通人的提升

如果你是个普通人，或者自认为是个普通人，但是又有上进心，不如务实一点，脚踏实地地往前走。

曾经有个公司的公关部经理，儿子已经5岁，她每天要上班、做家务、带孩子。但她拥有人事部二级口译证书，因此每个月都有天南海北的会议翻译任务，同时还兼任这家口译中心的导师。

打开她的博客，已经更新了500多页，有2000多个帖子，全部都是每天她自己做口译练习的文章，平均每天两篇长的一篇短的。她坚持做这件事已经快10年了，非专业出身的她因为爱好英语而一直努力。

10年前，她曾经看到一份调查报告，一个人如果要掌握一项技能成为专家，需要不间断地练习10 000个小时。当时她算了一笔账，如果每天练习5个小时，每年300天的话，那么需要7年的时间，一个人才能掌握这项技能。

她说："幸运的是，我知道自己想掌握什么技能，我只需要立马投入干起来就行了，我没有5个小时的时间，我每天只能学习3个小时，现在已经快10年了，我觉得自己差不多已经掌握了这项技能了。"

再比如，披头士乐队在成名前已经参加过1200场演出。可是为什么你做了10年公务员还只是一名小职员？为什么在家里做了7年的饭，没变成特级大厨？

那是因为，你没有投入精力和热情来练习一项技能。每天上班只是看报纸、上网、应付各种琐碎任务，每天做饭只是为了让家庭正常运转，并不用专业的眼光看待这件事。

不要再哀叹大学毕业之后专业就丢了。如果从初中开始算起，12年的学校教育，就算每天学习一门技能2小时，一年300天，你也只有7200小时，还有2800小时的缺口；就算你毕业后每天坚持练习1小时，也需要10年。

为什么理工科的人更容易成功？只要他们毕业后专业对口，还是做的那点事，那么他们就等于1天8小时都在练习。这2800小时，只需要1年多的时间就可填补了。可我们很多人，工作的内容并不是在练习技能，大部分是在应对琐碎的人和事，实际上是在荒废人生。

也许你会说，我是平凡人，我不想成为什么家，只想安安分分过日子。那只是你的错觉，时间在流逝，你每天重复重复再重复的那些行为，就是在塑造你，你不想成为什么人，可是你注定会成为什么人。

每天5个小时，如果你是用来看韩剧、翻手机、玩游戏，那么7年后，你会变成一个生活的旁观者，你最擅长的就是如数家珍地说起别人的成功和失败，而自己身上找不到任何可以引以为豪的事。

花1分钟想一想，曾经最想做的事情是什么，然后每天去做这件事。7年后，你会发现你已经可以靠这件事出去混饭吃了。

哪怕你喜欢逛街呢，你规定自己每天逛街3小时试试？可能一开始你觉得很高兴，每天如此，你会发现无聊。再坚持下去，你就开始琢磨了，我逛街还能发现点什么？还能搞出点什么花样？坚持下去，7年之后，你可能会成为时尚达人、形象设计专家、街拍摄影师、服装买手……

生命中的下一个7年，下一个10 000小时，你打算怎样度过？

参考文献

[1] 佚名. 七年魔咒：全球金融危机每七年发生一次. 新浪财经.
http://finance.sina.com.cn/world/20150824/074423044734.shtml

[2] 姜奇平. 共享经济从理论到实践的发展.
http://www.aliresearch.com/Blog/Article/detail/id/20683.html

[3] 乔良. 从中美博弈看“一带一路”.
http://finance.huanqiu.com/zcjd/2015-05/6384924.html

[4] 佚名. 我们根本没有契约精神. 凯迪社区.
http://club.kdnet.net/dispbbs.asp?boardid=1&id=11088775

[5] 阿诺德·汤因比. 人类与大地母亲. 上海：上海人民出版社，2013.

[6] 邵宇. 全球4.0时代，中国将带世界走向何方.
http://news.xinhuanet.com/fortune/2015-04/01/c_127644549.htm

[7] 叶子庄园. 赚钱的逻辑是什么.
http://www.douban.com/note/520930498/

[8] 亚当·斯密. 国富论. 唐日松等译. 北京：华夏出版社，2005.

[9] 尼尔·弗格森. 西方的衰落.米拉译. 北京：中信出版社，2013.

[10] 百度百科. 马尔维纳斯群岛战争.
http://baike.baidu.com/link?url=eUqGmYeJaleZ2i0V8NKAeCyKre-ybBvWb8HH_UgBrFNeITVln8un6_MikbaFLMxbAYN7kEKqaAXTgPjggDY6QdcEJWMkaB_N2yuDZwNt0A1Wj_WeOWTmzABLE66WImHp60tGC90ihd_5cTWlGkJEDz3w3CoHiZvLtgRG7ERB7LeuKkmhg_a-a-V7YBy24jlQ

[11] 百度百科. 次贷危机.
http://baike.baidu.com/link?url=X9VH0qtgdji9YFcjUyPsJpzgi56q2vSayPWv75fJeAxdPUqH31RTYPDolxxnU6CEa2AyygqKFOLlpcAxp1EUOK